Veröffentlichung der Stiftung
Bundeskanzler-Adenauer-Haus

Freundschaft in schwerer Zeit

Die Briefe Konrad Adenauers an Dora Pferdmenges
1933 – 1949

Bearbeitet von
Hans Peter Mensing und
Ursula Raths

2007

BOUVIER

ISBN 978-3-416-03173-8

Satz und Layout: Bouvier Verlag

Druck und Verarbeitung: Medienhaus Plump, Rheinbreitbach

Gedruckt auf säurefreiem Papier

„Heute vor 6 Monaten bin ich von Köln abgereist, ich dachte in kurzer Zeit wieder zu Hause zu sein. – Schwere 6 Monate liegen hinter mir, die schwersten meines bisherigen Lebens und die entscheidungsvollsten für mein Inneres. Ob sie zu meinem Besten ausgeschlagen sind? Ich hoffe es ... Wie mag es in Deutschland in 6 Monaten aussehen, wo mag ich sein, wo meine Familie; ich weiß es nicht. – Alles ist ungewiss, alles ist schwankend."

13. September 1933, Tagebucheintragung Konrad Adenauers in der Benediktinerabtei Maria Laach.

INHALT

Thomas Bscher und Robert Pferdmenges

Grußwort

Von der Öffentlichkeit wahrgenommen wurde in der Zeit, in der wir als Enkel von Robert Pferdmenges aufwuchsen, die Verbindung unseres Großvaters mit Konrad Adenauer. Innerhalb der Familie war uns immer bewußt, daß es sich um mehr handelte: um eine Jahrzehnte dauernde Freundschaftsbeziehung der Ehepaare Konrad und Gussie Adenauer sowie Robert und Dora Pferdmenges, die sich durch gemeinsame Werte in persönlicher, kirchlicher und sozialer Hinsicht verbunden fühlten.

In unserem Familienbesitz erhaltene Briefe, die Konrad Adenauer 1933 und in den Folgejahren an unsere Großmutter Dora Pferdmenges richtete, geben hiervon Zeugnis und werden mit dem hiermit vorgelegten Band einer breiteren Öffentlichkeit erstmals zugänglich gemacht. Auch wenn diese Dokumente von ausgesprochen privatem Charakter sind, können sie zugleich allgemeineres Interesse beanspruchen: Stellen sie doch unter Beweis, wie persönlicher Zusammenhalt und treue Verbundenheit in denkbar schwerster Zeit – unter der existenziellen Bedrohung des Nationalsozialismus – Kraft und Zuversicht zum Überleben geben.

Wertvoll für uns ist auch, daß sich die Freundschaft der Großeltern auf uns Enkel übertragen hat – auch hier wirkt die Kraft der von den Großeltern gemeinschaftlich durchlittenen schweren Zeit auf die heutige Generation nach.

Paul Adenauer

Einführung

38 Jahre nach dem Tod Konrad Adenauers ist für meine Geschwister und mich das Auftauchen seiner Briefe an Dora Pferdmenges eine große, späte Überraschung. So etwas hatten wir noch nie von ihm gesehen. Viele seiner Eigenschaften, die uns vertraut waren, werden hier in einer besonderen Vertrauensbeziehung viel deutlicher erkennbar. Das Gesamtbild seiner Persönlichkeit und seiner Entwicklung unter harten Existenzbedingungen ermöglicht uns ein tieferes Verstehen, aber auch eine Würdigung der Bedeutung von Frau Dora Pferdmenges. So sind wir der Familie Pferdmenges und der Stiftung Bundeskanzler-Adenauer-Haus sehr dankbar.

Ich selbst war 1933 ein Junge von zehn Jahren. Wenn meine Mutter mich mitnahm zu Pferdmenges, war das schön. Frau Pferdmenges war herzlich und gut zu mir, und meine Mutter verstand sich gut mit ihr, vielleicht, weil sie natürlich, lebensfroh und verlässlich war. Als der Nazi-Terror über unsere Familie kam, waren Robert und Dora Pferdmenges selbstverständliche, aktive, treue Freunde für unsere Eltern, Licht im Dunkel. Wenn ich in den Ferien bei meinem Vater in Maria Laach war, war der Besuch von Frau Pferdmenges eine große Freude. So passten die Briefe für mich zu dem Bild, das ich von früher hatte, erweiterten und vertieften es aber erheblich.

Denn mein Vater war eher verschlossen, was sein Innenleben angeht. Dadurch wirkte er oft ferner als er war. In der NS-Zeit kam die überall gegenwärtige Gefährdung hinzu, die ich deutlich spürte. Wir hatten seit 1933 üble Erfahrungen gemacht: Flucht vor „Schutzhaft“, Flucht des Vaters aus Köln, Verhaftung beim „Röhm-Putsch“ 1934 in Berlin, Vertreibung aus dem Regierungsbezirk Köln 1935/36. Die Eltern wollten uns Kinder nicht gefährden und uns den Freiraum erhalten, den Kinder brauchen. In den „Dora-Briefen“ zeigt Konrad Adenauer sein Inneres viel tiefer und deutlicher und kommt dadurch menschlich näher. Er muss ja die stärkste Erschütterung seines seelischen Gleichgewichts verkraften; der Boden wankt ihm zeitweise unter den Füßen, und das über zwei Jahre hindurch. Lange Monate ist er von seiner Familie und seinen Freunden getrennt, verfemt, ohnmächtig, ohne Beruf und Einkommen, einem Dienststrafverfahren ausgesetzt. Als ich ihn in Maria Laach und später im Erholungsheim Unkel oft besuchte, spürte ich zwar seine Freude und Fürsorglichkeit, aber auch seine Traurigkeit, wenn ich wieder wegging. Woher holte er seine Kraft und Geduld, seine Zuversicht? Eine Antwort leuchtet mir auf in der Erinnerung an Weihnachten 1933, wie er sie in seiner Weihnachtsansprache 1951 schildert:

„Ein Weihnachtsfest in der nationalsozialistischen Zeit, als ich aus meiner Heimatstadt vertrieben und verjagt und von einem Jugendfreund, dem Abt des Klosters Maria Laach, aufgenommen war. Ich weiß nicht, ob das nicht das schönste meiner Weihnachtsfeste war. Meine Frau und meine Kinder waren gekommen. Der Christbaum war klein, in einem Hotelzimmer aufgebaut. Es gab nur wenige Geschenke, aber wir, die wir getrennt waren, freuten uns des Zusammenseins, und der Gottesdienst war so ergreifend schön. Er begann am Heiligabend 10.00 Uhr in der herrlichen Basilika. Er dauerte bis 02.00 Uhr nachts. Die alten Metten und Lesungen wurden gesungen und unsere schönen deutschen Weihnachtslieder. Die Kirche war übervoll und aus dem fernen Industriegebiet waren die Menschen gekommen. Alle waren hingegeben des großen Geheimnis, das gefeiert wurde. Draußen lag Schnee. Es funkelten die Sterne. Eine große wunderbare Stille lag auf Berg und See.“

So erlebte er den traditionellen Glauben seines bisherigen Lebens durch die Liturgie der Mönche und den Kontakt mit ihnen in ganz neuer Weise als alte Quelle neuer Kraft, und auch ich entdeckte mit ihm in meiner Weise eine neue Welt des Friedens inmitten des Chaos. Später, 1967, als er das Sterben spürte, bat er mich, ihm die lateinischen Messgesänge vorzusingen.

Die Briefe meines Vaters an Dora Pferdmenges erinnern mich auch an die Briefe, die mein Vater mir zu jedem Sonntag in den Reichsarbeitsdienst schickte, im Winter 1941. Er erzählte u. a. vom Garten in Rhöndorf, in dem ich mit ihm nach dem Abitur oft gearbeitet hatte: „Ich denke sehr viel an Dich, wenn ich im Garten bin" (7. November 1941). Er sprach mir aber auch Mut zu, so zum Beispiel:

„Die große Kunst, die man lernen muss, ist, das innere, eigentliche Sein niemals vom Getriebe des Tages ersticken zu lassen. Das war auch die große Gefahr meiner früheren Tätigkeit, gegen die ich immer mit Gewalt ankämpfen musste. Man lernt es aber, glaube mir, – nur nie den Mut und auch nicht die Geduld mit sich selbst verlieren!" (7. November 1941).

„Wir fühlen sehr mit Dir, und wir wissen, dass Du es oft nicht leicht haben wirst. Aber unsere Gedenken und unser Gebet reicht zu Dir hinüber, dessen kannst du immer gewiss sein. Und dann trägst Du ja in Deinem Innern einen Quell der Kraft, der immerfort strömt, auch wenn man es zuweilen nicht fühlt und sich ganz verlassen vorkommt, wenn man sich ihm nur mit Vertrauen und Ergebung nähert" (19. November 1941).

„Ich bin sehr froh, dass du Dein Inneres festhältst und Dein eigenes geistiges Leben lebst. Halte daran fest, lieber Junge. Das allein macht das Leben lebenswert und schön" (28. November 1941).

Diese Worte stärkten mich damals sehr. Wie Mosaiksteine zum Bild seines Innern empfand ich auch folgende Sätze in Briefen an seine Frau und an einen Freund, unseren Kölner Nachbarn Professor Walter Braunfels.

Aus Briefen an seine Frau:

„Halte den Kopf hoch und glaube mir: Den Glauben an Gott muss ich mir auch jeden Tag neu belegen und neu erkämpfen" (22. August 1935). – „Ich will versuchen, in Maria Laach zuerst mein Inneres, mein religiöses Gleichgewicht wiederzufinden, dann will ich etwas für meinen Körper tun. Das Bestreben, mein inneres Gleichgewicht wieder zu finden, ist es, was mich in erster Linie dort festhält" (29. August 1935). – „Wir wollen beide das Leid so tragen und so wenden, dass es uns zum Segen wird" (29. August 1935).

Aus Briefen an Walter Braunfels:

„Man muss in sich hineinhorchen, um Herr zu bleiben" (21. März 1940). – „Ostern ist ein so von Hoffnung getragenes Fest, die Natur ist diesmal so überreich an Schmuck und Fülle, und die Menschheit ist so zerrissen und von Vernichtungswillen erfüllt, dass einen diese entsetzliche Dissonanz tief erschüttert" (23. April 1943).

Ohne die existenziellen Nöte, Herausforderungen und Läuterungen des inneren Kerns hätte mein Vater wohl nicht das überzeugende Format für die Aufbauarbeit der Nachkriegszeit gewonnen.

In den letzten Jahren vor seinem Tod wohnte ich bei meinem Vater. Der Tod von Robert Pferdmenges 1962 hat ihn sehr getroffen. An Abenden, wenn es kalt war und er sich im Wohnzimmer bei Musik erholte, sagte er zu mir: „Hole mir die grüne Decke für die Beine!" Sie lag immer in der Nähe bereit: eine ganz leichte, sehr warme, hell- und dunkelgrüne Wolldecke. Sie war ein Geburtstagsgeschenk von Dora Pferdmenges, und sie bleibt auch für mich hier das Symbol einer Freundschaft in schweren Zeiten.

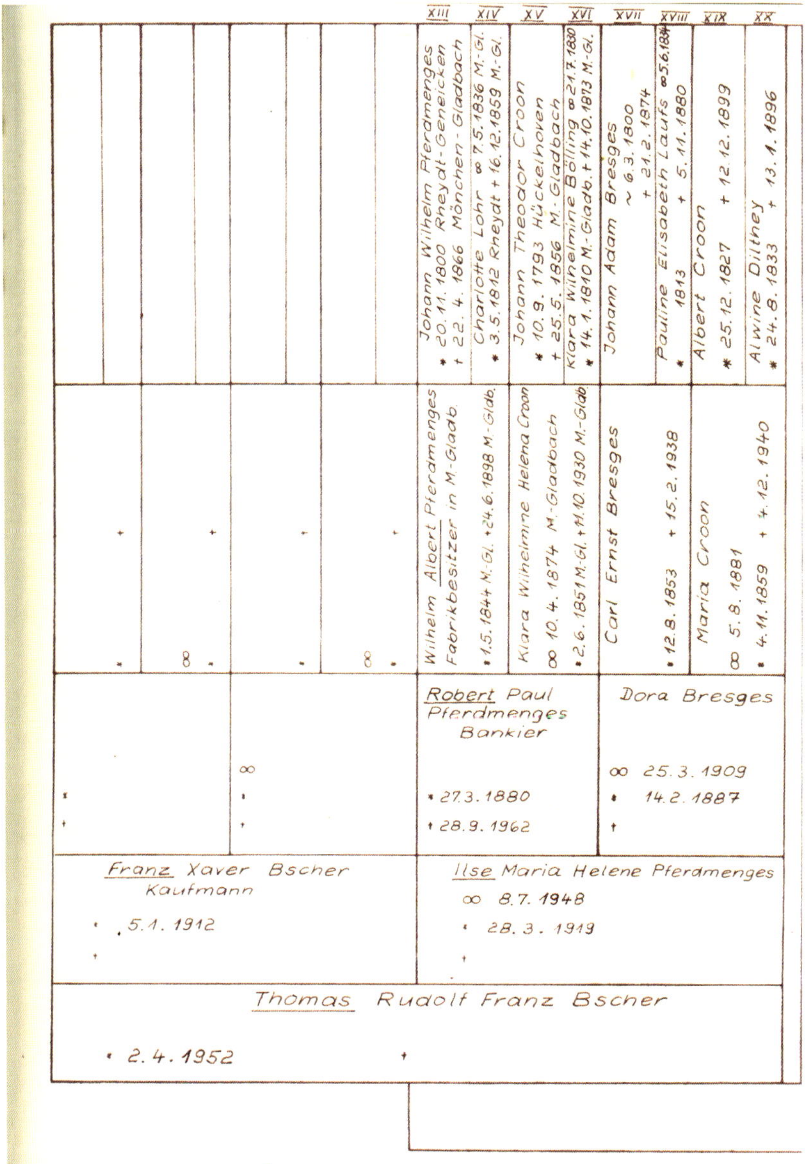

Stammbaum der Familien Bresges, Pferdmenges und Bscher (Auszug)

Dora Bresges in jungen Jahren

Robert Pferdmenges (um 1927)

Dora Pferdmenges mit den Kindern Heinz und Ilse (um 1930)

Zur Edition

„Heute, an Deinem 75. Geburtstage, drängt es mich, Dir von Herzen zu danken für die treue, unverbrüchliche Freundschaft, die Du auch in schwersten Zeiten mir und den Meinen geschenkt hast. In diesen langen Jahren hast Du mir viel gegeben,dafür danke ich Dir sehr herzlich."

Konrad Adenauer am 14. Februar 1962
an Dora Pferdmenges[1]

Die familiäre und freundschaftliche Verbindung von Konrad Adenauer und seiner zweiten Frau Gussie mit Robert und Dora Pferdmenges findet in zunehmendem Maße das Interesse von Zeitgeschichte, Publizistik und auch breiterer Öffentlichkeit, weit über die Heimat im Rheinland hinaus. Dabei rückt zunächst, wie bereits bei der früheren Beschäftigung mit den Gründungszeiten des Bundesrepublik Deutschland, die legendäre Gestalt des Bankiers und Kanzlerberaters Pferdmenges (1880-1962) ins Blickfeld der biographisch und gruppenbiographisch orientierten Forschung[2].

[1] Nach dem eigenhändigen Original im Familienbesitz Pferdmenges abgedruckt in Adenauers Briefen 1961-1963, hrsg. von Rudolf Morsey und Hans-Peter Schwarz, bearb. von Hans Peter Mensing, Paderborn 2006, S. 85-87.

[2] Vgl. Wilhelm Treue, Robert Pferdmenges, in: Geschichte im Westen, Jg. 5 (1990), S. 188-210; Peter Fuchs, Nur wenige Kölner haben Pferdmenges je gesehen. Der stille, aber einflußreiche Lebensweg eines Kölner Bankiers, in: ders., Kölner Themen. Eine Auswahl von Beiträgen in Presse und Buch, Köln 1996, S. 177-180; Christoph Silber-Bonz, Pferdmenges und Adenauer. Der politische Einfluß des Kölner Bankiers, Bonn 1997 (dort weitere Hinweise im Literaturbericht auf S. 11-16); Winfried Herbers, Robert Pferdmenges und Johannes Albers: zwei Welten – eine Partei. Facetten im Makrokosmos der Kölner CDU der vierziger und fünfziger Jahre des 20. Jahrhunderts, in: Geschichte in Köln, Bd. 52 (2005), S. 207-234; Volker Woschnik/Jan Wucherpfennig, Robert Pferdmenges, in: Zeugen städtischer Vergangenheit, Bd. 24, hrsg. von der Gladba-

War er doch der Mann, den – so „Der Spiegel" schon in seiner Titelgeschichte vom Januar 1954 – „der katholische Kanzler als einzigen ‚Freund' nennt; der dabei engagierter Protestant ist; dessen angeheirateter Onkel Friedrich Engels zusammen mit Karl Marx 1848 das Kommunistische Manifest schrieb; ... der als einer von den siebenundzwanzig schweigenden Abgeordneten des ersten Deutschen Bundestages keinmal in vier Jahren im Plenum das Wort ergriff; der durch seine persönliche Vermittlung ... die Mitbestimmung in der Montanindustrie mitverwirklichte."[3] Und dessen „Rat an Rhein und Ruhr ... mit Gold aufgewogen" werde; das Wort des Adenauer-Intimus gelte in Bonn „mehr als das Votum von einem halben Dutzend Ministern"[4], wie die in den fünfziger Jahren gängigen, später gerne variierten Formeln lauteten.

In solchen Politikerporträts figurieren die Angehörigen zumeist als Randerscheinungen und werden der „Frau an seiner Seite" seit jeher bestenfalls einige Nebenbemerkungen gewidmet. Den Frauen Adenauers in erster und zweiter Ehe, Emma geb. Weyer (1880-1916) und Gussie geb. Zinsser (1895-1948)[5], durchaus vergleichbar, macht Dora Pferdmenges geb. Bresges (1887-1970) da keine Ausnahme: Über sie, die Tochter der Rittergutsbesitzer Ernst Bresges (1853-1938) und Maria geb. Croon (1859-1940) und damit Angehörige einer alteingesessenen niederrheinischen Fabrikantenfamilie[6], wußte das Nachrichtenmagazin damals,

cher Bank, Mönchengladbach 2006 (dort, S. 26-28, das Kapitel „Familienglück: Robert und Dora, Heinz und Ilse"). Vgl. auch die in Anm. 31 und 35 genannten Titel.

[3] Vgl. „Der Spiegel" vom 27.1.1954: „Pferdmenges: Geld aus dem Fenster" (S. 9-18, hier S. 9f.).

[4] Vgl. Nikolaus Jakobsen, Robert Pferdmenges, München 1957, S. 3.

[5] Vgl. Hans Peter Mensing, Emma, Gussie und Konrad Adenauer, mit ihren Töchtern Ria Reiners, Lotte Multhaupt und Libet Werhahn, in: Dieter Zimmer (Hrsg.), Deutschlands First Ladies. Die Frauen der Bundespräsidenten und Bundeskanzler von 1949 bis heute, Stuttgart 1998, S. 33-62.

[6] Dazu der Auszug aus dem Stammbaum auf S. 15.

nach anekdotischem Ondit und Familieninformationen zugleich, immerhin zu berichten: „Seine eigene Frau, von der man sagt, sie sei die einzige Person, vor der sich Konrad Adenauer heute noch fürchte, hat Robert Pferdmenges während seines zehnjährigen Aufenthaltes in England kennengelernt. Dort an der Themse heirateten sie vor 45 Jahren."[7]

Beide kamen im „deutschen Manchester" Mönchengladbach zur Welt, erst in London aber, einer der ersten Stationen der beruflichen Karriere von Pferdmenges (während seiner Tätigkeit an der dortigen Filiale der Disconto-Gesellschaft Berlin), begegneten sie sich; und die Eheschließung datiert vom 25. März 1909, was dem Bundeskanzler fünfzig Jahre später Anlaß gab zu diesen bemerkenswerten Zeilen (die seine einzige Duzfreundschaft begründeten):

„Liebe Dora, lieber Robert, (da Sie mich zu einer solchen Familienfeier einladen, nehme ich mir die Freiheit, Sie auch familiär anzureden) meine Glückwünsche zur Goldenen Hochzeit werde ich ja morgen mündlich Ihnen aussprechen können, aber es drängt mich Ihnen schon am Vorabend zu sagen, wie sehr ich mich mit Ihnen freue. Wie immer, Ihr Konrad Adenauer" (Rhöndorf den 24. März 1959)[8].

Somit schließt die Antwort Adenauers uneingeschränkt auch Dora Pferdmenges mit ein, die er 1965 im ZDF-Gespräch mit

[7] Wie Anm. 3 (S. 17). Dort nachfolgend die Reminiszenz: „Das erste Rendezvous des späteren Ehepaares Pferdmenges gab für die Ehe den Ausschlag. Man hatte zu zweit in einem Restaurant gegessen. Beim Verlassen des Lokals kramte Robert in seiner Tasche nach einem Schilling, um ihn dem Portier zu geben, der ein Taxi herbeigerufen hatte. Das Taxi war da, der Portier aber schon anderweitig beschäftigt. Da warf der junge Kavalier die Münze aus dem Fenster des anfahrenden Autos vor das Portal, damit der Portier sie später auflesen könne. ‚Seht ihr', pflegte Frau Pferdmenges ihren Kindern zu erzählen, ‚da dachte ich mir: Den musst du heiraten. Der ist großzügig.' Und fügte dann regelmäßig hinzu: ‚Wie hab ich mich getäuscht.' – [Sie] übernahm die Erziehung der beiden Kinder, da der Vater nach einhelliger Familienansicht ‚ein schlechter Pädagoge' war." Nahezu identisch Jakobsen (wie Anm. 4), S. 7.

[8] Bisher unveröffentlichtes, eigenhändiges Originalschreiben im Familienbesitz Pferdmenges.

Günter Gaus auf die Frage gab: „Wie mußte ein Mensch beschaffen sein, damit er Ihr Freund werden konnte, zum Beispiel Robert Pferdmenges? – Ja, wie soll ich Ihnen eine solche Frage beantworten. Freundschaft im späteren Alter ist sehr selten, da entsteht sie sehr selten. Aber Freundschaft entsteht aus einer Harmonie in den beiderseitigen Überzeugungen und aus dem Vertrauen, das man gewinnt."[9]

***

Viel mehr als in den ersten populären Darstellungen, mit ihrem „human touch" im „Homestory"-Stil, wurde über Dora Pferdmenges kaum jemals bekannt. Daran änderten auch die Skizzen und Studien wenig, die später hin und wieder zu ihrem Mann publiziert wurden[10]. Dort fand sie, wenn überhaupt, selten genug auch nur namentlich Erwähnung, obwohl sie ihm nach Herkunft und gesellschaftlichem Rang zumindest ebenbürtig war – wie auch ihre jüngere Schwester Irmgard (1889-1974), die 1910 den älteren Bruder von Robert, Walter Pferdmenges (1878-1936), heiratete[11]. Der Großvater der beiden, Adam Bresges (1798-1874), hatte 1827 das Rittergut Zoppenbroich erworben und nach 1860 ganz in der Nähe jenes bedeutende Unternehmen der

[9] Vgl. Günter Gaus, Zur Person. Porträts in Frage und Antwort – Bd. II, München 1966, S. 52-59, hier S. 56; auch in: Günter Gaus. Was bleibt sind Fragen. Die klassischen Interviews, hrsg. von Hans-Dieter Schütt, Berlin ²2001, S. 392-405. Dort (S. 56 bzw. 400) die Ergänzung: „Robert Pferdmenges war namentlich mir gegenüber immer ein sehr ehrlicher und zuverlässiger Mann, und so wurden wir Freunde. Und ich habe auch dafür gesorgt, daß er in die Politik eingetreten ist. Er wollte zuerst nicht, hat mir dann nachgegeben. Und ich habe seinen klugen und guten Rat namentlich in den letzten Jahren häufig vermißt. Pferdmenges hat für sich jedenfalls nie etwas von mir gewollt. Wenn er sonstige Wünsche hatte oder Ratschläge, dann waren diese Ratschläge wirklich immer begründet und gut fundiert und wurden auch so von ihm entwickelt."

[10] Wie Anm. 2.

[11] Dazu die genealogischen Unterlagen im Stadtarchiv Mönchengladbach, Sammlung Heinrich Müllers 563, Band 3.

Textilindustrie begründet, das dann der Vater und der Bruder Walter Bresges (1882-1961) zur Firma „A. Bresges – Baumwollspinnereien, Zwirnerei, Schlichterei und Färberei" erweiterten[12]. Die Erinnerung daran hält mit dem Bresges-Park ein beliebtes Naherholungsgebiet in Mönchengladbach heute noch wach.

Dennoch gilt gerade auch für Dora Pferdmenges, daß die Aura von Diskretion und öffentlicher Zurückhaltung, die das Metier des Bankiers umgibt[13], auch seine Angehörigen abschirmt und den Blick auf ihren eigenen Lebensweg, ihre eigene Lebensleistung verstellt. Einen neuen Zugang eröffnen erst die seit 1983 in der „Rhöndorfer Ausgabe" erscheinenden Veröffentlichungen aus dem Nachlaß Adenauers und die parallel dazu entstandenen biographischen Arbeiten über den Gründungskanzler. Nun auch wurde im Detail vollständiger dokumentiert, welcher Stellenwert Dora Pferdmenges beizumessen ist – ihrem gesellschaftlichen und kirchlichen Engagement sowie ihren kulturellen Interessen – und welche Wertschätzung sie ihrerseits bei Weggefährten und Zeitgenossen fand. Manch' ein markantes Beispiel dafür findet sich schon in den nach ihrem Tod im Herbst 1970 an ihre Kinder Heinz (geb. 1910) und Ilse (1919-1992) gerichteten Kondolenzschreiben[14]:

„Sie war eine große Frau, eine der wenigen, vor der Männer wie Adenauer Respekt hatten. Mit persönlicher Bedeutung verband sie Charme; man konnte sie sich kaum je ärgerlich vorstellen" (Gerd Bucerius). – „Ihre Mutter war für mehrere

[12] Dazu die Angaben bei Günter Erckens, 150 Jahre Rechnungs- und Briefbögen im Gladbacher-Rheydter Wirtschaftsraum, in: Beiträge zur Geschichte der Stadt Mönchengladbach, Nr. 15, hrsg. vom Stadtarchiv Mönchengladbach, 1981, S. 162f.

[13] Dazu vgl. Lothar Gall, Der Bankier. Hermann Josef Abs. Eine Biografie, München 2004, S. 7-13.

[14] Die Sammlung ist im Bankhaus Sal. Oppenheim jr. & Cie. erhalten. Nachrufe auf Dora Pferdmenges wurden in den für diesen Zeitraum durchgesehenen Kölner Zeitungen, soweit ersichtlich, nicht veröffentlicht; gleiches gilt für die im Raum Mönchengladbach verbreiteten Presseorgane.

meiner Geschwister die Tante Dora, was am besten zeigt, wie eng wir alle zusammenstanden. Meinem Vater und meiner Mutter waren Ihre Eltern in vieler Hinsicht treue Freunde, gerade in schwierigen Lebenslagen. Der Optimismus Ihrer Eltern riß insbesondere in den schlechten Zeiten nach 1933 meinen Vater immer wieder hoch. Ihre Eltern gehörten mit zu den wenigen Menschen, die auch nach 1933 den Kontakt zu meinem Vater aufrechterhielten" (Max Adenauer). – „... dieser Tage fand ich noch eine Weihnachtskarte, die sie mir mit einem herrlich komponierten Päckchen in den Arbeitsdienst 1941 geschickt hat, und ich habe sie als eine sehr gütige Erscheinung in schlimmen Zeiten in dankbarer Erinnerung" (Paul Adenauer).

Damit ist bereits angedeutet, daß es in „Freundschaft in schwerer Zeit" neben der Ausnahmesituation, der – wie gleich näher zu erläutern – die Familie Pferdmenges mit ihren Freunden und beruflichen Partnern ab 1933 ausgesetzt war, vor allem um die Lebenslage Adenauers, seiner Frau und seiner Kinder im „Dritten Reich" geht[15]: Um den „Zwangsruhestand der NS-Zeit"[16] nach der im März 1933 unter dramatischen Umständen

[15] Eine übersichtliche Zusammenfassung der wesentlichen Daten und Ereignisse findet sich in dem in diesem Band erstmals veröffentlichten „Adenauer-Itinerar 1933 – 1949" (S. 188-211). – Die zugrunde liegenden Belege, auch die Detailangaben zu den nachfolgend genannten Vorgängen, in: Adenauer im Dritten Reich, hrsg. von Rudolf Morsey und Hans-Peter Schwarz, bearb. von Hans Peter Mensing, Berlin 1991, passim. Vgl. auch Rudolf Morsey, Adenauer und der Nationalsozialismus, in: Hugo Stehkämper (Hrsg.), Konrad Adenauer. Oberbürgermeister von Köln. Festgabe der Stadt Köln zum 100. Geburtstag ihres Ehrenbürgers am 5. Januar 1976, Köln 1976, S. 447-497, 791-805; Hans-Peter Schwarz, Adenauer. Der Aufstieg: 1876-1952, Stuttgart 1986, S. 341-423; Henning Köhler, Adenauer. Eine politische Biographie, Frankfurt/Main-Berlin 1994, S. 273-322; Hans Peter Mensing, „... den Kopf oben halten, sich nicht unterkriegen lassen ...." Einige Ergänzungen der biographischen Dokumentation „Adenauer im Dritten Reich", in: Geschichte im Westen, Jg. 9 (1994), S. 84-106, und ders., Konrad Adenauer, in: Günter Buchstab/Brigitte Kaff/Hans-Otto Kleinmann (Hrsg.), Christliche Demokraten gegen Hitler. Aus Verfolgung und Widerstand zur Union, Freiburg/Brsg. 2004, S. 62-70.

[16] Vgl. Paul Adenauer, Briefe Konrad Adenauers an einen Sohn im Reichsarbeitsdienst 1941/42, in: Konrad Adenauer und seine Zeit. Politik und Persön-

herbeigeführten Amtsenthebung als Oberbürgermeister seiner Heimatstadt Köln und als Präsident des Preußischen Staatsrates. „Adenauer an die Mauer" skandiert der braune Mob; in sein Haus in Köln-Lindenthal wird eine ständige SA-Wache gelegt; das Caritas-Krankenhaus in Hohenlind nimmt Gussie und die Kinder auf – ihm selbst verhilft Robert Pferdmenges zur Flucht über Dortmund und Hannover nach Berlin, wo bald darauf das Dienststrafverfahren gegen den „Repräsentanten der Systemzeit" und „Machthaber der Vergangenheit" beginnt.

„... als nationaler Schädling verfemt und ausgestoßen"[17], lange von den Seinen getrennt – hauptsächlich während des einjährigen Asyls in der Benediktinerabtei Maria Laach (26. April 1933 – 26. April 1934[18]) –, vertraut der 1933 57jährige Adenauer im vermeintlich „letzten Lebensabschnitt"[19] Freunden selbst solche Gedankengänge an: „Ich bin fast am Ende meiner Widerstandskraft. Meiner armen Frau geht es ähnlich, sie hält sich tapfer, aber auch sie ist fast fertig. ... wenn nicht meine Familie und meine religiösen Grundsätze wären, hätte ich lange meinem Leben ein Ende gemacht, es ist so wirklich nicht lebenswert" (am 14. Oktober 1933 an Dannie N. Heineman[20]). – „Welch' ein Glück, daß man die Natur, die Kunst, das Reich der Gedanken und der Seele, und Gott hat" (am 7. April 1938 an Dora Pferdmenges[21]).

lichkeit des ersten Bundeskanzlers, Bd. 1: Beiträge von Weg- und Zeitgenossen, hrsg. von Dieter Blumenwitz, Klaus Gotto, Hans Maier, Konrad Repgen und Hans-Peter Schwarz, Stuttgart 1976, S. 156-166, hier S. 156.

[17] Aus der Anlage zu einem 1946 von Adenauer ausgefüllten Fragebogen; dazu in diesem Band S. 183f.

[18] Dazu in diesem Band die Erinnerungen von Abt Ildefons Herwegen an den Aufenthalt Adenauers in Maria Laach auf S. 185-187.

[19] Am 1./2.4.1942 an Walter Braunfels; Druck: Adenauer im Dritten Reich (wie Anm. 15), S. 375.

[20] Teildruck: Adenauer im Dritten Reich (wie Anm. 15), S. 182.

[21] In diesem Band Nr. 37.

Die zu diesem weithin „unbekannten", anderen Adenauer[22] von der Familie Pferdmenges aufbewahrten Belege gliedern sich in zwei Teilbestände. Auf eine erste Überlieferung, vornehmlich aus den frühen Jahren des „Dritten Reiches", machte Hans-Peter Schwarz im 1986 erschienenen Auftaktband seiner zweiteiligen Adenauer-Biographie aufmerksam[23], nachdem ihm der Sohn von Dora und Robert Pferdmenges, Bankier Heinz Pferdmenges, „eine Anzahl wichtiger, bisher unbekannter Briefe Adenauers" zur Verfügung gestellt hatte[24]. Um diesen Kern von neun in Auszügen und Zitaten vorab veröffentlichten Schreiben gruppieren sich nunmehr 33 weitere wesentliche Dokumente, die der Enkel des Ehepaares Pferdmenges, Dr. Thomas Bscher, aus einer 2003 wiederentdeckten, im Bankhaus Sal. Oppenheim jr. & Cie. archivierten Sammlung[25] zugänglich machte.

Hans-Peter Schwarz, der der Forschung auch hier entscheidende erste Impulse gab, verdanken wir zugleich eine Charakterisierung der Kontakte und der Korrespondenz Pferdmenges-Adenauer, die 2007 – 130 Jahre nach der Geburt von Dora Pferdmenges (14. Februar 1887), 40 Jahre nach dem Tod Konrad Adenauers (19. April 1967) – auch auf „Freundschaft in schwerer Zeit" übertragbar ist:

[22] Vgl. Hans-Peter Schwarz, Der unbekannte Adenauer. Einige Aufgaben künftiger Forschung, in: Konrad Adenauer und seine Zeit. Politik und Persönlichkeit des ersten Bundeskanzlers, Bd. 2: Beiträge der Wissenschaft, hrsg. von Dieter Blumenwitz, Klaus Gotto, Hans Maier, Konrad Repgen und Hans-Peter Schwarz, Stuttgart 1976, S. 589-609.

[23] Vgl. Schwarz (wie Anm. 14). Die dort verwendeten Teile werden in Nr. 2, 4, 5, 8-11, 16 und 40 dieses Bandes <mit keilförmigen Klammern> kenntlich gemacht; dazu dann jeweils der Seitennachweis in Anm. 9, 31, 37, 48, 61, 65, 70, 80, 122.

[24] Vgl. Schwarz (wie Anm. 15), S. 973.

[25] Dort auch weitere Korrespondenz Adenauers mit Dora *und Robert* Pferdmenges aus dem Zeitraum ab 1949, die aber in den Briefbänden der „Rhöndorfer Ausgabe" nach der Parallelüberlieferung in StBKAH 10.11 größtenteils schon ediert wurde; vgl. Adenauer, Briefe 1949-1951; 1951-1953; 1953-1955; 1955-1957; 1957-1959; 1959-1961; 1961-1963, hrsg. von Rudolf Morsey und Hans-Peter Schwarz, bearb. von Hans Peter Mensing, Berlin 1983, 1984, 1985, 1987, 1995 und 1998, Paderborn 2000, 2004 und 2006.

„Schon in den letzten Jahren der Weimarer Republik stehen die Ehepaare Adenauer und Pferdmenges in enger freundschaftlicher Verbindung. Zwischen Adenauer und Frau Pferdmenges gibt es besonders zwei Felder gemeinsamer Interessen: die Kölner Theater und Freude an der Gärtnerei. 1933 gehören die Pferdmenges zu den ganz wenigen Kölner Freunden, die sich um Adenauer und seine Frau tatkräftig kümmern. Robert Pferdmenges ist es, der ihn im eigenen Wagen dem Zugriff der SA-Schutzwache entzieht, so daß er nach Berlin entkommen kann. Frau Pferdmenges besucht Adenauer im Mai in Maria Laach, macht ihm mit Briefen Mut, hält zu der isolierten Familie in Köln Kontakt. Adenauer hat zu ihr uneingeschränktes Vertrauen und äußert sich in großer Offenheit. Dabei spielt wohl auch der Gedanke eine Rolle, so auf den Bankier Pferdmenges mit einzuwirken, der in diesen Monaten wegen seiner Verbindung zu jüdischen Bankhäusern äußerst vorsichtig sein muß und daher den direkten Kontakt zu Adenauer einschränkt."[26]

***

Bei den in diesem Band edierten Schlüsseldokumenten handelt es sich ausschließlich um eigenhändige Schreiben Konrad Adenauers aus dem Zeitraum 1933-1941, mit zwei wesentlichen Ergänzungen aus den Jahren 1946 und 1949 (die der Adenauer-Forschung bisher unbekannt waren; Nr. 41 und 42). Nur äußerst selten liegen den Briefen auch Aufzeichnungen und Notizen von Dora Pferdmenges bei[27], in keinem Fall aber ihre eigenen Schreiben oder Antworten, weder im Entwurf noch in Abschrift. Wie schon bei den Recherchen, die zu dem 1991 in der „Rhöndorfer Ausgabe" vorgelegten Band „Adenauer im Dritten Reich" führten, blieben auch diesmal die Bemühungen

[26] Vgl. ebd., S. 361.
[27] Dafür das Beispiel bei Nr. 4

um Rekonstruktion des vollständigen Briefwechsels ohne den erhofften Erfolg. Die beklagenswerte Lücke ist gleichermaßen zeitgeschichtlich und überlieferungsgeschichtlich bedingt: Ist doch denkbar, daß auch dieses Defizit – wie der Verlust zahlreicher anderer Belege zur Adenauer-Vita 1933-1945 – auf Kriegseinwirkungen, Zensur und andere Eingriffe des Hitler-Regimes und seiner Handlanger am Rhein zurückzuführen ist. Man übersah dabei lediglich zwei Briefe Doras an Gussie Adenauer vom 23. und 27. März 1933, die – im Adenauer-Nachlaß nach wie vor erhalten[28] – auf den folgenden Seiten gleichfalls wiedergegeben werden, zumal in ihnen das Leitmotiv dieser Veröffentlichung erstmals anklingt: „...wenn Freundschaft sich im Leid bewährt ...".

Ansonsten aber ist von dem Tatbestand auszugehen, den Adenauer im April 1948, aus Anlaß des Spruchkammerverfahrens gegen Gestapo-Kommissar Kurt Bethke (einen der Hauptverantwortlichen für die Repressalien vom Spätsommer 1944), der Regierungsbezirkspolizei Köln so schilderte: „In den letzten Tagen des Juli 1944 hat bei mir, Rhöndorf, Zennigsweg 8a, eine Haussuchung durch 7 Beamte stattgefunden, die unter Leitung des Leiters des S[icherheits]D[ienstes] in Bonn sowie eines Kriminalrats in Köln standen. Die Haussuchung hat 1 1/2 Tage gedauert. Die Beamten haben eine Anzahl Papiere und Briefe, die an mich gerichtet waren, mitgenommen."[29]

Noch gezielter zu den fraglichen Teilen seiner Rhöndorfer Registratur, hatte er bereits wenige Tage nach der Aktion vom 23. Juli 1944, also unmittelbar nach dem gescheiterten Stauffenberg-Attentat auf Hitler, seiner Tochter und seinem Schwiegersohn, Ria und Walter Reiners, nach Mönchengladbach mitgeteilt: „... man interessierte sich ... sehr für jedes Papier, das

[28] In StBKAH VI-A-10; Druck des ersten Schreibens: Adenauer im Dritten Reich (wie Anm. 15), S. 94. Vgl. die Abb. auf S. 34f.

[29] Vgl. Adenauer im Dritten Reich (wie Anm. 15), S. 406.

ich in meinem Zimmer verwahrte, und das war viel, da ich seit 1933 so ziemlich meine ganze Correspondenz, Disziplinarakten, Bankakten usw. aufbewahrt habe. Interesse fand eigentlich nur die Correspondenz, die man zum Teil mitnahm, da keine Zeit zur Prüfung bei mir im Haus mehr sei."[30]

Daß zu den konfiszierten Schriftstücken nicht zuletzt Adenauers eigene Sammlung von Pferdmenges-Briefen und damit das Pendant zu den jetzt veröffentlichten Dokumenten gehörte, erscheint um so plausibler, als Pferdmenges „bei der NSDAP und der Staatspolizeistelle Köln ... längst kein unbeschriebenes Blatt mehr" war[31], seine Adenauer-Beziehung ohnehin „allgemein bekannt"[32], und bei der Fahndung nach den „Mitverschwörern" des 20. Juli auch die Maßnahmen gegen ihn und sein Umfeld an Schärfe zunahmen. Was sich schon bald nach 1933 angebahnt hatte – als die Oppenheim-Bank, in die Pferdmenges 1931 als persönlich haftender Gesellschafter eingetreten war, angesichts ihrer „jüdischen Tradition ... unter erheblichen Druck geriet"[33], bis sie zu ihrer Bestandssicherung 1938 in „Pferdmenges & Co." umbenannt wurde[34] –, nahm nun noch bedrohlichere Formen an, wie vor allem aus den Untersuchungen von Wilhelm Treue hervorgeht:

„... die letzte große Verhaftungswelle ... traf ... das Bankhaus

[30] Ebd., S. 407.

[31] Vgl. Michael Stürmer/Gabriele Teichmann/Wilhelm Treue, Wägen und Wagen. Sal. Oppenheim jr. & Cie. Geschichte einer Bank und einer Familie. München-Zürich 1989, S. 388.

[32] Ebd.

[33] Vgl. Werner Jung, Das moderne Köln, Köln 2006, S. 158.

[34] Vgl. Stürmer/Teichmann/Treue (wie Anm. 31), S. 379-381, 388. Dort (S. 379) auch diese Erläuterung: „Die Bankiers wussten, daß es nur die Wahl gab, den Namen der Bank zu ändern oder das Ende ihres alten Bankhauses festzustellen. Man hat seitdem immer in der Familie Oppenheim dankbar anerkannt, daß Pferdmenges sich und seinen Namen rückhaltlos einsetzte. Was Pferdmenges tat, war mehr als eine Unterschrift zu leisten. Es bedeutete. daß er das Schicksal der längst verrufenen Bank zu dem seinen machte – und das konnte unter dem Terror-Regime des Tyrannen böse enden. Pferdmenges machte sich gewissermaßen, ohne je darüber zu sprechen, wie Zuckmayer in ‚Des Teufels General' den General Harras sagen läßt, zum Juden honoris causa."

gleich dreifach. Waldemar von Oppenheim wurde im September 1944 in Köln verhaftet, nach einiger Zeit wieder freigelassen und tauchte unter, als ihn die Gestapo erneut vorlud. Um die gleiche Zeit verhaftete man Friedrich Carl [von Oppenheim] in Bayern und brachte ihn in das Gefängnis Landshut. Pferdmenges, gewarnt, daß ihn das gleiche Schicksal treffen werde, versuchte, sich auf einem Gut seiner Frau in der Nähe von Neuruppin [Lindenberg im Kreis Beeskow bei Berlin] der Beobachtung durch die Gestapo zu entziehen. Aber im September wurde auch er verhaftet, man warf ihm ‚judenfreundliches Verhalten' und Unterstützung der Kirche vor und hielt ihn in dem berüchtigten Gefängnis der Gestapo in der Berliner Prinz-Albrecht-Straße fest. Unzweifelhaft wollte man das Bankhaus und seine Spitze vernichten. Nach schwierigen Verhandlungen erreichte Pferdmenges' Kölner Rechtsanwalt Gustav Stein, daß sein Mandant wieder entlassen und auf jenes märkische Gut seiner Frau verbannt wurde, wo er, infolge der Mißhandlungen im Gefängnis am Ende seiner physischen und psychischen Kräfte, unter der Aufsicht einer SS-Wache lebte, bis diese angesichts der Gefahr, von der bereits bei Fürstenwalde stehenden Roten Armee gefangengenommen zu werden, flüchtete."[35]

Ob sich nationalsozialistischen Instanzen bei der Suche nach belastenden Indizien auch auf die kurz zuvor in Rhöndorf beschlagnahmten, seither verschollenen Materialien stützten,

[35] Vgl. Treue (wie Anm. 2), S. 195f.; vgl. auch ders., Das Schicksal des Bankhauses Sal. Oppenheim jr. & Cie. und seiner Inhaber im Dritten Reich, in: Zeitschrift für Unternehmensgeschichte, Beiheft 27 (1983), S. 44, und Stürmer/Teichmann/Treue (wie Anm. 31), S. 403-411. Dazu auch bereits die zeitgenössischen Angaben in den Diplomatenberichten des Schweizer Generalkonsuls und sowohl Adenauer- als auch von Oppenheim- und Pferdmenges-Vertrauten Franz-Rudolph von Weiss in: Kriegsende und Neuanfang am Rhein. Konrad Adenauer in den Berichten des Schweizer Generalkonsuls Franz-Rudolph von Weiss 1944-1945, hrsg. von Hanns Jürgen Küsters und Hans Peter Mensing, München 1986, u.a. S. 57, 126, 203, und bei Markus Schmitz/Bernd Haunfelder, Humanität und Diplomatie. Die Schweiz in Köln 1940-1949, Münster 2001, S. 116, 128, 130, 259f.

wird die Erforschung beider Biographien und Familiengeschichten weiter beschäftigen. Aber auch unabhängig da-von, wie dieser Klärungsprozeß verläuft und wie lange die Ungewißheit anhält, kann es als Glücksfall gelten, daß zumindest das so bedeutende kleine Bündel privater Adenauer-Briefe an Dora Pferdmenges seinerzeit dem Zugriff entzogen blieb.

***

Die Bearbeitung der Originaldokumente, ihre Transkription und editorische Aufbereitung sowie die Kommentierung folgt generell den Richtlinien, die auch in der „Rhöndorfer Ausgabe" Anwendung finden. Als oberstes Ziel gilt auch diesmal, die Texte Wort für Wort und ungekürzt wiederzugeben. Vom Prinzip des vollständigen Abdrucks wird nur in wenigen Ausnahmefällen abgewichen, wenn bereits die Vorlagen ihrerseits Lücken aufweisen (so die nur bruchstückhaft erhaltenen Einzelblätter vom August und Oktober 1935; Nr. 24, 26-28). Ebenso ist bei jenen schwer lesbaren Textteilen zu verfahren, die auch mit der freundlichen Hilfestellung von Dr. Paul Adenauer nicht zweifelsfrei zu entziffern waren und daher bei der Übertragung kleinere, immer aber textkritisch kenntlich gemachte <...> Auslassungen erforderlich machen.

Als Orientierungsgröße dient in erster Linie die für „Adenauer im Dritten Reich" gewählte Vorgehensweise, da die dort veröffentlichten Quellen – vor allem der Gedanken- und Informationsaustausch mit den Familienangehörigen sowie die Korrespondenz mit Walter Braunfels, Dannie N. Heineman, Ella Schmittmann und Wim J. Schmitz im engeren Bekannten- und Freundeskreis – nach Genre, biographischer Aussagekraft und historischem Hintergrund mit den Briefen an Dora Pferdmenges am ehesten vergleichbar sind. Mehr noch trifft dies auf die Abstimmung mit seiner Frau Gussie und deren eigene

Mitteilungen zu, zumal sie – zeitlich eng verzahnt – mit diesem Schriftverkehr einhergingen, vorbereitend und begleitend, mit einer Vielzahl alltagsgeschichtlicher Einzelheiten[36]:

„Eben rief Frau Pferdmenges an, wir kommen also am Dienstag gegen 9 Uhr oder 9 1/2. ... Die Kinder können im Hotel essen und Frau Pferdmenges und ich vielleicht bei Dir. Sollen die Kinder ihren Namen nennen?" (Anfang Mai 1933). – „Frau Pferdmenges rief eben an, ihr Mann hätte die Herren noch nicht sprechen können, werde es aber baldigst tun, er sei jeden Tag jetzt auswärts" (20. Mai 1933). – „Ich war gleich den andern Morgen bei Pferdmenges. ... Pferdmenges trifft Vögler Samstag und will mir dann Bescheid geben. ... Herr Pferdmenges fährt erst in 14 Tagen nach Berlin. ... Eben war ich zum Tee bei Frau Pferdmenges, wo ich auch Frau Herbst traf. Sie war mit Göring auf einer Hochzeit zusammen" (29. Juli 1933). – „Heute abend bin ich bei Pferdmenges geladen, ich werde dann alles diesbezügliche erledigen. ... Ich muß mich jetzt schnell für Pferdmenges fertig machen, darum für heute Schluß!" (31. August 1933). – „Eben war Frau Pferdmenges hier, um sich zu verabschieden. Sie fahren morgen nach Baden-Baden. Frau Pferdmenges sagte, daß Riesen etwas ruhiger wäre und von seinem ‚Vorgänger' in besseren Tönen rede. – Sie meinten beide (Herr und Frau Pferdmenges), daß es doch jetzt Zeit würde, das Verfahren zu Ende zu führen" (12. September 1933). – „Eben rief mich Frau Pferdmenges an, Du habest bezüglich der Wohnungen einen so deprimierten Brief geschrieben. Mir tut so leid, daß Du nun so alleine diese wirklich aus Erfahrung ungemein niederdrückende Arbeit tun mußt" (13. Januar 1934).

Beim Erscheinen von „Freundschaft in schwerer Zeit" dankt die Stiftung Bundeskanzler-Adenauer-Haus sehr herzlich den

[36] Aus dem nachfolgend zitierten, im Besitz der Familie Adenauer erhaltenen Briefwechsel die zahlreichen Auszüge in Adenauer im Dritten Reich (wie Anm. 15); dazu in diesem Band die Hinweise in Anm. 5, 19, 35, 67, 81, 91, 110, 119.

Familien Pferdmenges und Adenauer, ohne deren Unterlagen und Auskünfte dieser Band nicht zustande gekommen wäre. Der Dank gilt namentlich dem Sohn und dem Enkel von Dora und Robert Pferdmenges, Herrn Heinz Pferdmenges und Herrn Dr. Thomas Bscher, die die Publikation durch die Weitergabe der zugrundeliegenden Dokumente und die Zustimmung zu ihrem Abdruck überhaupt erst ermöglichten. Hervorzuheben ist auch die freundliche Unterstützung durch das Bankhaus Sal. Oppenheim jr. & Cie. (Köln), dort insbesondere durch Frau Evelyn Klüber.

Erste Hinweise auf diese „Dora-Briefe" erhielt die Stiftung dankenswerterweise von der Enkelin des ersten Bundeskanzlers, Frau Irene Dieckmann-Adenauer. Alle nachfolgenden Bearbeitungsschritte begleitete mit Rat und Tat der Sohn von Gussie und Konrad Adenauer, Dr. Paul Adenauer. Er lenkte bereits mit den von ihm 1976 zugänglich gemachten „Briefen Konrad Adenauers an einen Sohn im Reichsarbeitsdienst 1941/42" erstmals den Blick auf das für die Verfolgungs- und Leidenszeit im „Dritten Reich" zentrale religiöse Erleben seines Vaters, von dem die Briefe an Dora Pferdmenges erneut eindrucksvoll Zeugnis ablegen. Daher sei abschließend das Resümee zitiert, das Paul Adenauer unter seine frühe Veröffentlichung zog und nun auch eine Quintessenz dessen wiedergibt, was zu den charakteristischen Seiten dieses Bandes zählt: „Er, der sonst in religiösen Fragen wortkarg, scheu und ohne Phrase war, zeigte ... hinter allem Geschriebenen ein ‚inneres Gesicht', daß mir ers allmählich deutlich wurde."[37]

Rhöndorf im März 2007

Hans Peter Mensing
und Ursula Raths

[37] Vgl. Adenauer (wie Anm. 16), S. 157.

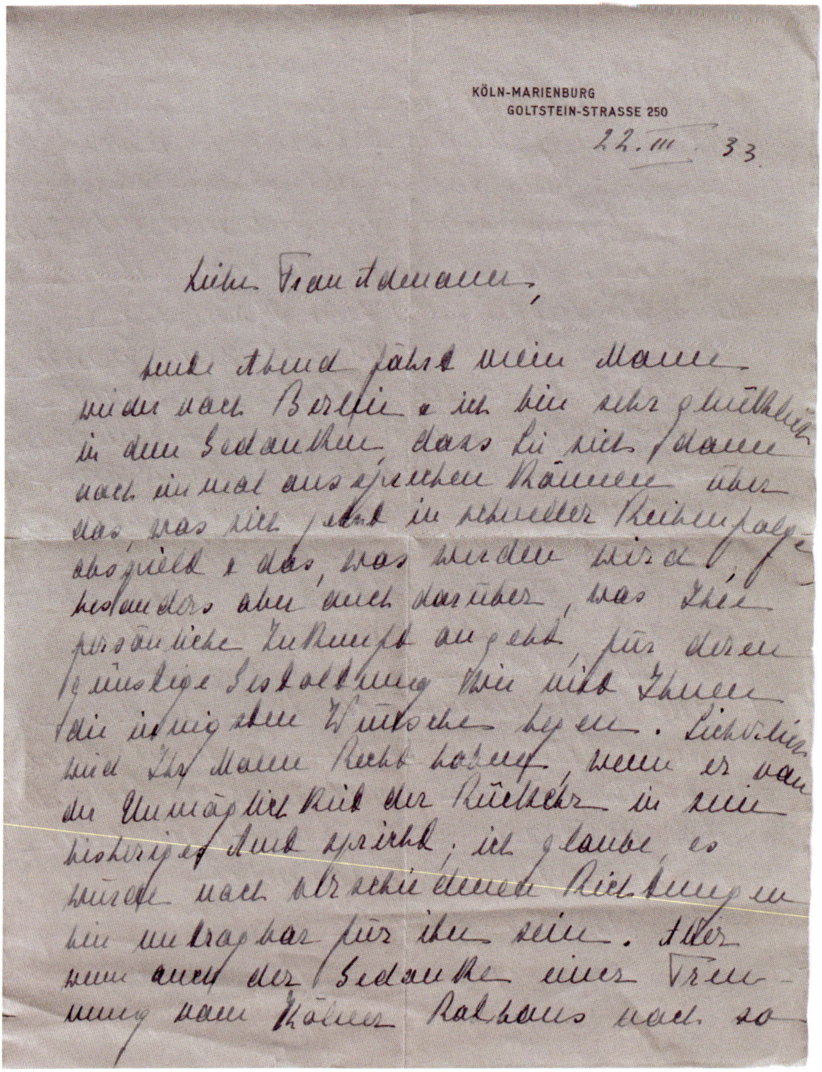

KÖLN-MARIENBURG
GOLTSTEIN-STRASSE 250

22. III. 33.

Liebe Frau Adenauer,

heute Abend fährt mein Mann wieder nach Berlin & ich bin sehr glücklich in dem Gedanken, dass Sie sich beide noch einmal aussprechen können über das was sich jetzt in schneller Reihenfolge abspielt & das, was werden wird, & besonders aber auch darüber, was Ihre persönliche Zukunft angeht, für deren günstige Gestaltung wir Ihnen die innigsten Wünsche hegen. Sicherlich wird Ihr Mann Recht haben, wenn er von der Unmöglichkeit der Rückkehr in sein bisheriges Amt spricht, ich glaube, es würde nach verschiedenen Richtungen hin untragbar für ihn sein. Aber wenn auch der Gedanke einer Trennung vom Kölner Rathaus noch so

Dora Pferdmenges am 22. März 1933 an Gussie Adenauer

schwer ist es werden sich bestimmt wieder
Möglichkeiten auftun, in der Ihr Mann
Befriedigung finden kann & wird.
Man darf hier nichts überstürzen —
einstweilen müssen Sie sich nur erholen
wollen & da ist es ja wunderschön
dass Sie zusammen sein können. —

Und nun komme ich erst zum Dank
für Ihren so lieben Brief. Den Dank
an mich darin muss ich ganz entschieden
zurückweisen, denn was ist selbstver-
ständlicher, als wenn Freundschaft sich
im Leid bewährt — ich freue mich aber
glauben zu dürfen, dass sie sich in
den letzten Wochen nur noch fester
geknüpft hat. —

Alle Ereignisse von hier werden
Sie durch meinen Mann in mündlicher
Aussprache hören. mit meinen Gedanken
werde ich dann auch bei Ihnen sein
& grüsse Sie Beide herzlichst

als Ihre getreue

Dora Pfundmenger.

Dora Pferdmenges am 22. März 1933 an Gussie Adenauer

Liebe Frau Adenauer,

heute abend fährt mein Mann wieder nach Berlin, und ich bin sehr glücklich in dem Gedanken, daß Sie sich dann noch einmal aussprechen können über das, was sich jetzt in schneller Reihenfolge abspielt, und das, was werden wird; besonders aber auch darüber, was Ihre persönliche Zukunft angeht, für deren günstige Gestaltung wir mit Ihnen die innigsten Wünsche hegen. Sicher wird Ihr Mann Recht haben, wenn er von der Unmöglichkeit der Rückkehr in sein bisheriges Amt spricht; ich glaube, es würde nach verschiedenen Richtungen hin untragbar für ihn sein. Aber wenn auch der Gedanke einer Trennung vom Kölner Rathaus noch so schwer ist, es werden sich bestimmt wieder Möglichkeiten auftun, in denen Ihr Mann Befriedigung finden kann und wird. Man darf nur nichts überstürzen – einstweilen müssen Sie sich nur erholen wollen, und da ist es ja wunderschön, daß Sie zusammen sein können.

Und nun komme ich erst zum Danke für Ihren so lieben Brief. Den Dank an uns darin muß ich ganz entschieden zurückweisen, denn was ist selbstverständlicher, als wenn Freundschaft sich im Leid bewährt – ich freue mich aber glauben zu dürfen, daß sie sich in den letzten Wochen nur noch fester geknüpft hat. – Alle Ereignisse von hier werden Sie durch meinen Mann in mündlicher Aussprache hören; mit meinen Gedanken werde ich dann auch bei Ihnen sein und grüße Sie beide herzlichst

als Ihre ergebene
Dora Pferdmenges

Dora Pferdmenges am 27. März 1933 an Gussie Adenauer

Liebe Frau Adenauer,

mit herzlichem Dank für Ihren und Ihres Mannes Brief sende ich Ihnen einen Ausschnitt aus einer engl[ischen] Zeitung*, der Ihnen vielleicht Freude macht, da er zeigt, daß man sich dort noch ein klares Urteil bewahrt hat. Deshalb den Kopf hochgehalten, meine lieben Freunde, auch hier wird man wieder lernen, gerecht zu denken, wenn auch noch nicht gleich. – Im Augenblick sind die Leute durch die tägl[iche] Hetze derart gegen Ihren Mann eingenommen, daß wir darin doch den einzigen Grund der Warnung unseres Freundes Kurt**, hierher zurückzukommen, sehen.

Vielleicht könnte Ihr Mann aber durchsetzen, daß ein Verfahren gegen ihn*** nicht ohne seine Anwesenheit stattfände, denn das könnte ja nur ungerecht sein. Ich glaube ja überhaupt, Sie sollten jetzt nicht zuviel auf ein gerechtes Urteil hoffen; woher käme das noch? Sehen Sie sich nur mal das Trümmerfeld allein in Köln an!

* Gemeint ist der Bericht „Nazis capture cologne – Rheinland Coup – famous Burgomaster dismissed“, den die „Times“ am 14.3.1933 veröffentlicht hatte; dort auch in einem Korrespondentenbericht desselben Tages diese Charakterisierung Adenauers: „Dr. Adenauer, who is a member of the Centre Party, had been Burgomaster of Cologne for many years. Under his regime the city has been extended, the place of the pre-War fortifications being taken by inner and outer circles of public gardens round the city. He has also been a leading figure in politics. During the occupation of Western Germany after the War he represented not only the interests of his city but also those of the whole Rhineland in negotiations with the British and Allied Armies of the Rhine.“ Vgl. die weiteren Auszüge bei Hans Peter Mensing, „... den Kopf oben halten ... .“, S. 90f.

** Kurt Freiherr von Schröder; vgl. die Angaben in Nr. 3, Anm. 27.

*** Zum Dienststrafverfahren der Hinweis in den Erläuterungen „Zur Edition“ auf S. 25 und im Adenauer-Itinerar 1933 – 1949 (S. 189, 191ff.) die Angaben unter dem 4. und 17.4.1933, November/Dezember 1933, 19.12.1933, Januar/Februar 1933 und 4.6.1934.

Lassen Sie uns lieber hoffen, daß es unseren vereinten Kräften gelingen wird, Sie der inneren und äußeren Not zu entreißen; aber wenn es nicht so schnell geht, wie man wünschen möchte, bitte werden Sie nicht ungeduldig; ich glaube fest daran, daß es doch werden wird, mein Mann wird sich jedenfalls mit allen Kräften dafür einsetzen.

Herzlichen Dank muß ich Ihnen noch sagen für eine Wasserrose, die Ihre Söhne [****] mir schickten; wir verlebten einen sehr netten Abend mit ihnen.

Mit den besten Grüßen für Sie und Ihren Mann Ihre

Dora Pferdmenges

[****] Gemeint sind Adenauers Söhne aus erster Ehe, Konrad und Max; vgl. Nr. 4 (Anm. 34), 10 (72), 18 (134), 33 (183).

Verzeichnis der Briefe

Abtei Maria Laach

Die Briefe

Adenauer 1933

Nr. 1

Am Donnerstag, dem 27. April 1933 (aus Maria Laach[1])

Liebe Frau Pferdmenges!

Meine Frau wird Ihnen und Ihrem Mann schon gedankt und über den glatten Verlauf unserer Reise berichtet haben. Herzlichst danke auch ich Ihrem Mann für den Wagen und Ihnen für die Freundschaftszeichen, die das Innere des Wagens enthielt. Glauben Sir mir, sie kamen in einem Augenblick der Depression, in dem man doppelt empfänglich ist und jedes Zeichen der Anteilnahme doppelt schätzt.

Hier stürzte gestern nach all' den Erlebnissen der letzten Wochen die Stille und Einsamkeit geradezu mit einer erdrückenden Gewalt auf mich herab trotz der Schönheit der Natur und des Zaubers der Obstblüte in dem riesigen Klostergarten! Heute kam die Nachricht von der Verhaftung Mönnigs[2] und Brünings[3], ein neuer Schlag[4]! Die armen Menschen! Für Ihren Mann, wenn die Angelegenheit Br[üning] sich nicht bald und völlig klärt, eine sehr schwierige Lage[5]. Wie ist seine Kissinger Adresse, ich möchte ihm gern auch selbst danken? In der Politik werde ich hier nicht so auf dem laufenden bleiben wie in Berlin, es ist vielleicht auch nicht nötig. Aber ich lese zu meinem Schrecken zwischen den Zeilen, daß Frankreich, England, Amerika sich politisch geeinigt haben.

Ich möchte Ihnen gern die geistige Atmosphäre hier schildern, aber ich bin noch nicht genügend eingedrungen, um es zu können. Gestern kam mir alles ganz unwirklich vor, heute geht es etwas besser. Der Abt[6] ist denkbar gütig und herzlich zu mir, er tut alles, was in seinen Kräften steht. Ich hoffe, daß der Aufenthalt hier mir geistig gut tun wird, dann wird auch der Körper wieder in Ordnung kommen.

Hoffentlich warten Sie mit einer Fahrt nach hier nicht, bis Ihr Mann aus Kissingen zurück ist, sondern kommen schon vorher einmal mit meiner Frau, Sie werden sehen, daß ein mehrmaliger Besuch sich lohnt[7]. – Ich danke Ihnen von Herzen für alles und bin mit vielen Grüßen stets Ihr freundschaftlich ergebener

Kon. Adenauer

[P.S.] Bitte machen Sie von der Skimmia einige Stecklinge, wenn die jungen Triebe anfangen zu verholzen[8]. Meine Adresse ist: Außenumschlag an die Abtei Maria Laach Bez. Coblenz Rheinland, Innenumschlag und persönliche Adresse. Es ist erwünscht, auch im Interesse des Klosters, daß mein Aufenthalt möglichst wenigen bekannt wird.

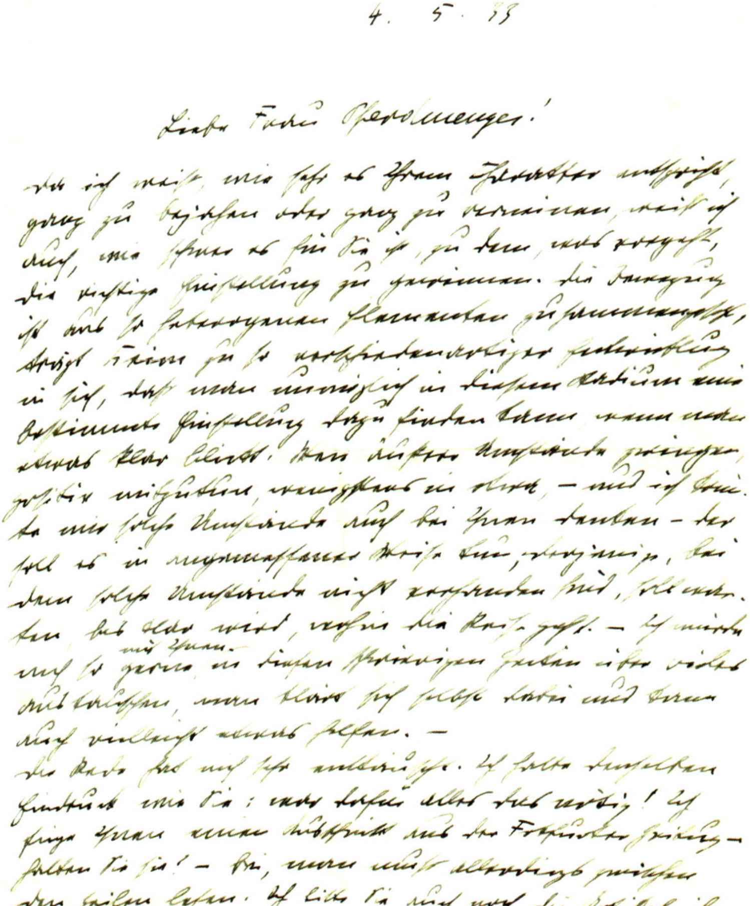

4. 5. 33

Liebe Frau Oberdiemenger!

Da ich weiß, wie sehr es Ihrem Charakter entspricht, ganz zu bejahen oder ganz zu verneinen, weiß ich auch, wie schwer es für Sie ist, zu dem, was vorgeht, die richtige Einstellung zu gewinnen. Die Bewegung ist aus so heterogenen Elementen zusammengesetzt, trägt Keime zu so verschiedenartiger Entwicklung in sich, daß man unmöglich in diesem Stadium eine bestimmte Einstellung dazu finden kann, wenn man etwas klar bleibt. Wer dürfte Umstände gezwungen, positiv mitzuhelfen, wenigstens im Kleinen, — und ich könnte mir solche Umstände auch bei Ihnen denken — der soll es in angemessener Weise tun, derjenige, bei dem solche Umstände nicht vorhanden sind, soll warten, bis klar wird, wohin die Reise geht. — Ich möchte mich so gern mit Ihnen in diesen schwierigen Zeiten über vieles aussprechen, man klärt sich selbst dabei und kann auch vielleicht etwas helfen. —
Die Rede hat mich sehr enttäuscht. Ich hatte denselben Eindruck wie Sie: was hatte er das nötig! Ich füge Ihnen einen Ausschnitt aus der Frankfurter Zeitung — halten Sie sie? — bei, man muß allerdings zwischen den Zeilen lesen. Ich bitte Sie auch noch die Artikel über

Zu Nr. 2

neue Rede Klages's, die pädagogischen Hochschulen und die ausgesprochene Hetze auf meine Rede bei Dr. Ley zu lesen.

Die Angelegenheit Br. ist ganz schrecklich. Er hat unter dem Deckmantel der Religion in der niederträchtigsten Weise betrogen. Auch mich hat er um meinen Beitrag, den ich oft schmerzlich entbehre, unter besonders hässlichen Umständen – erpresserisch – betrogen. Seit Monaten habe ich Verdacht gegen ihn, auch bez. seiner Religiosität mit ganz bestimmten Gründen. Ich habe darum auch mehrfach Ihren Mann gebeten, doch ja vorsichtig zu sein, allerdings war ich auf derartiges nicht gefasst. Ich habe ihn stets für [illegible] und unordentlich und unwahr gehalten, aber nicht für einen kaltblütigen Betrüger. Ich bin überzeugt, dass seine Mutter, die ich immer für besser gehalten habe als ihn, nichts davon gewusst hat, und sie und die Kinder tun mir sehr leid. Ihm ist nicht zu helfen, es ist ganz gut, dass Ihr Mann fern bleibt. Ich war erleichtert, als ich in der Zeitung des [illegible] über die Lösung der [illegible] müssen Dr. Ley las. Ich bin so empört über ihn, weil er in einer die tiefsten Dinge betreffenden Angelegenheit so verbrecherisch gehandelt hat.

—

Sie haben mich richtig beurteilt: die Stille und Heimlichkeit hier, die ganze geistige Atmosphäre – eine Atmosphäre von Religiosität und Frömmigkeit, Liebe, Ruhe und

Wissenschaft tut mir sehr gut, ich fühle das deut-
lich. Ich liebe auch die Einsamkeit und die Stille des
Hofs. Wenn man nicht von dem getrennt wäre, was
einem teuer ist, und wenn nicht die Sorge für die Zu-
kunft wäre, könnte man zufrieden sein. Ich bemühe
mich redlich, mit der Zeit und mit mir innerlich
fertig zu werden. Hilty, den Sie ja auch schätzen,
spricht in einem seiner Briefe von den „Stufen des
Lebens". Ich will versuchen eine weitere Stufe zu
ersteigen. —

Die Nachricht von Ihrem baldigen Kommen ist
wirklich eine frohe Botschaft. Kommen Sie recht
bald recht oft und recht lang! Hier ist alles zu
Ihrem Empfang bereit, die Sonne bringen Sie mit.
Die Obstbäume und Beeren sind abgeblüht, der
Apfel, die am Baum in großen Mengen hängen,
fangen mit blühen an, über Nacht ist der ganze
Buchenwald grün. Ich habe nie so schön bewußt
den Frühling gesehen, wie hier in den Wäldern, große
Stellen sind ganz blau auf die weißen Wald-
blumen, die voriges Jahr in Baden-Baden auf
dem Merkur so schön blühten, sind schon da. Ich
darf vielleicht zum Dank für die kleine Lilie

meine Grüße hier auch den Kindern beifügen. – Ich danke Ihnen sehr für Ihre Freundlichkeiten gegenüber meiner Familie und bin sehr dankbar für jedes Lebenszeichen, das ich hier – in der Verbannung – bekomme.

Mit vielen herzlichen Grüßen

stets Ihr freundl. Adenauer

Nr. 2

Am Donnerstag, dem 4. Mai 1933 (aus Maria Laach)

Liebe Frau Pferdmenges!

Da ich weiß, wie sehr es Ihrem Charakter entspricht, ganz zu bejahen oder ganz zu verneinen, weiß ich auch, wie schwer es für Sie ist, zu dem, was vorgeht, die richtige Einstellung zu gewinnen. <Die Bewegung ist aus so heterogenen Elementen zusammengesetzt, trägt Keim zu so verschiedenartiger Entwicklung in sich, daß man unmöglich in diesem Stadium eine bestimmte Einstellung dazu finden kann, wenn man etwas klar blickt. Wen äußere Umstände zwingen, positiv mitzutun, wenigstens in etwa>[9] – und ich könnte mir solche Umstände auch bei Ihnen denken –, <der soll es in angemessener Weise tun; derjenige, bei dem solche Umstände nicht vorhanden sind, soll warten, bis klar wird, wohin die Reise geht.> – Ich würde mich so gerne mit Ihnen in diesen schwierigen Zeiten über vieles austauschen, man klärt sich selbst dabei und kann auch vielleicht etwas helfen.

Die Rede hat mich sehr enttäuscht[10]. Ich hatte denselben Eindruck wie Sie: war dafür alles das nötig! Ich füge Ihnen einen Ausschnitt aus der Frankfurter Zeitung – halten Sie sie? – bei, man muß allerdings zwischen den Zeilen lesen[11]. Ich bitte Sie auch noch die Artikel über eine Rede Klagges[112], die französischen Pressestimmen und die angestrichene Stelle aus einer Rede des Dr. Ley[13] zu lesen.

Die Angelegenheit Br[üning][14] ist ganz schrecklich. Er hat unter dem Deckmantel der Religion in der verwerflichsten Weise betrogen. Auch mich hat er um einen Betrag, den ich jetzt schmerzlich entbehre, unter besonders hässlichen Umständen – anscheinend – betrogen. Seit Monaten hatte ich Verdacht gegen ihn, auch bez. seiner Religiosität aus ganz bestimmten Gründen; ich habe darum auch mehrfach Ihren Mann gebeten, doch ja vorsichtig zu sein, allerdings war ich auf Derartiges nicht gefasst. Ich habe ihn seit längerer Zeit für leichtsinnig und unordentlich und unwahr gehalten, aber nicht für einen kaltblütigen Betrüger. Ich bin überzeugt, daß seine Frau, die ich immer für besser gehalten habe als ihn, nichts davon gewusst hat, und sie und die Kinder tun mir sehr leid. Ihm ist nicht zu helfen, es ist ganz gut, daß Ihr Mann fort bleibt. Ich war erleichtert, als ich in der Zeitung die Notiz über die Lösung der Beziehungen zwischen A. Levy[15] und ihm las. Ich bin so empört über ihn, weil er in einer das hiesige Kloster betreffenden Angelegenheit so verbrecherisch gehandelt hat.

Sie haben mich richtig beurteilt: die Stille und Einsamkeit hier, die ganze geistige Atmosphäre – eine Atmosphäre von Religiosität und Frömmigkeit, Natur, Kunst und Wissenschaft – tut mir sehr gut; ich fühle das deutlich. Ich liebe auch die Einsamkeit und die Stille an sich[16]. <Wenn man nicht von dem getrennt wäre, was einem teuer ist, und wenn nicht die Sorge für die Zukunft wäre, könnte man zufrieden sein. Ich bemühe mich redlich, mit der Zeit und mit mir innerlich fertig zu werden. Hilty[17], den Sie ja auch schätzen, spricht in einem seiner Bücher von den „Stufen des Lebens". Ich will versuchen, eine weitere Stufe zu ersteigen.>

Die Nachricht von Ihrem baldigen Kommen ist wirklich eine frohe Botschaft. Kommen Sie recht bald, recht oft und recht lang! Hier ist alles zu Ihrem Empfang bereit, die Sonne bringen Sie mit. <Die Pflaumen und Birnen sind abgeblüht, die Äpfel, die am See in großen Mengen stehen, fangen mit Blühen an, über Nacht ist der ganze Buchenwald grün. Ich habe nie so schöne Vergissmeinnicht gesehen wie hier in den Wäldern, große Stellen sind ganz blau. Auch die weißen Waldblumen, die voriges Jahr in Baden-Baden[18] auf dem Merkur so schön blühten, sind schon

da.> Ich darf vielleicht zum Dank für die kleine Lilie einen Gruß hier aus den Wäldern beifügen.

Ich danke Ihnen sehr für Ihre Freundlichkeiten gegenüber meiner Familie und bin sehr dankbar für jedes Lebenszeichen, das ich hier – in der Verbannung – bekomme.

Mit vielen herzlichen Grüßen

stets Ihr
Konrad Adenauer

Nr. 3

Am Donnerstag, dem 11. Mai 1933 (aus Maria Laach)

Liebe Frau Pferdmenges!

Zuerst möchte ich Ihnen herzlichst danken für Ihren Besuch und dafür, daß Sie es den Kindern[19] ermöglicht haben, zu mir zu kommen – die Bahnreise wäre für die beiden Kleinsten unmöglich gewesen –, recht herzlichen Dank! – Wie schnell vergehen doch solche Stunden und Tage, und wie langsam andere! Der Tag des Besuchs war so schön, daß er durch den – nicht sehr schönen – Abend und die folgenden – auch nicht sehr schönen – Tage sein Schein hindurchleuchtete. Hoffentlich hat es Ihnen so gefallen hier, daß Sie Ihr Versprechen, wiederzukommen, bald ausführen.

Ich habe inzwischen weiter in den Büchern gelesen, die man mir hier leiht[20] und deren Namen ich beim Kaffee erwähnte: Ich bin geradezu erschüttert, weniger über Einzelheiten, als über das Gesamtniveau. – Ich lese auch öfter in dem von Ihnen

Bibliothek der Abtei Maria Laach

mir geliehenen Koch-Weser[21], der oft sehr treffende allgemeine Bemerkungen macht, und in den Briefen Humboldts[22]. Welch' verschiedene Welten! Aber Sie haben Recht. Man empfindet ein zwingendes Bedürfnis oft, sich mit Gesetzen und Einrichtungen zu beschäftigen, die jenseits der menschlichen Einwirkungen liegen oder die, weil sie in dem Jenseitigen wurzeln, nicht so den Tageswirkungen unterliegen. Dadurch allein sichert man sich das innere Gleichgewicht, die innere feste Haltung, die man heute nötiger hat denn je. Auf dem Wege allein wird man Herr bleiben und nicht Sklave werden. Leider stehe ich noch nicht über den Dingen, sicher noch nicht fest und dauernd; ich kann nur sagen, daß ich immer wieder mich bemühe, die geistige Atmosphäre hier hilft sehr. Es ist ja auch nicht so leicht, und es kann ja auch nicht so schnell gehen; wenn man nur immer wieder sich zurechtfindet, darf man hoffen, weiterzukommen. Man bekommt dann auch wieder die Kraft, der Depressionen und Stimmungen Herr zu werden. – Ich hoffe es wenigstens.

Sie sahen sehr angegriffen aus. Ich weiß, daß die Zeit nicht gerade gesundheitsfördernd ist. Aber trotzdem, man kann etwas für seine Gesundheit tun, auch mit dem Willen. – Tun Sie bitte etwas für Ihre Gesundheit, ich bitte Sie darum.

Haben Sie gelesen, daß Dr. Blüthgen[23], der Aufsichtsratsvorsitzende des Glanzstoffkonzerns, verhaftet ist? Ihm verdanke ich den Verlust meines Vermögens[24]. – Ich weiß nicht, ob Sie wissen, daß der bekannte Zehrer[25] aus dem Tat-Kreis[26], der die „Tägliche Rundschau“ herausgab, dort ausscheiden musste, damit diese, die verboten war, wieder erscheinen konnte. Schröders[27] werden Sie doch wohl einen Glückwunschbesuch gemacht haben? Auf Grund Ihrer freundschaftlichen Beziehungen und weil er doch relativ gut ist; wenn ich die Rede lese, die der neue Düsseldorfer Präsident Zucker[28] gehalten hat, und seine damit vergleiche, so ist seine doch erheblich besser. Ich habe ihm einen, so wie er abgefasst war, ehrlich gemeinten Glückwunschbrief geschrieben[29].

Die Kastanie stammt aus Goethes Gartenhaus in Weimar, von dem Platze im Garten, an dem die Tafel mit den Versen steht[30]. Ich freue mich, daß sie aufgegangen sind [sic!], ich hoffe, daß auch meine zum Leben erwacht ist. – Gestern abend kam ich durch die Apfelallee, das Wetter hatte sich vorübergehend aufgehellt, und die Luft war still. Es war entzückend schön: die Bäume über und über voll von diesen herrlichen Blüten, die Luft erfüllt mit dem süß-herben Duft, ganze Wellen gingen über mich dahin. Auf meinem Schreibtisch duftet jetzt herrlich die Daphne, und daneben stehen die Zweiglein der Skimmia, die ich in Neuß erhielt, zusammen mit Waldvergißmeinnicht. Ich denke so viel an den wundervollen Frühlingstag in B[aden]B[aden], was hat sich seitdem ereignet. Aber ich freue mich immer wieder, daß es Sphären gibt, die jenseits des Vergänglichen liegen, Quellen, die aus solchen Tiefen brechen und gespeist werden, daß nichts ihren Strom hemmen, nichts ihre Flut trüben kann; daran muß man in diesen Zeiten denken.

Mit vielem Dank und mit herzlichen Grüßen Ihr Kon. A.

[P.S.] Vielleicht schauen Sie gelegentlich bei meiner Frau vorbei, es wird sehr angenehm empfunden, doppelt angenehm in der gegenwärtigen Lage. Ich lege bei eine Anweisung, um Stecklinge von Daphne zu ziehen, und einige Grüße aus dem Walde. Ob der Kreuzdorn jetzt blüht?

„Gestern abend kam ich durch die Apfelallee, ...die Bäume über und über voll von diesen herrlichen Blüten, die Luft erfüllt mit dem süß-herben Duft, ganze Wellen gingen über mich dahin.“

Nr. 4

Am Dienstag, dem 16. Mai 1933 (aus Maria Laach)

Liebe Frau Pferdmenges!

Sie können sich nicht gut vorstellen, welche Wohltat Ihr Brief vom 12. war. <Ich war schon einige Tage in recht depressiver Stimmung: die außenpolitische Lage, die Zukunft meiner Familie, meine zukünftige Arbeit, die Trennung, das Demütigende meiner gegenwärtigen Lage u.s.w. Ihr am Sonntag eintreffender Brief kam so sehr im richtigen Augenblick, um doppelt tröstlich empfunden zu werden. Wenn Sie überzeugt sind, daß ich Herr der Dinge werde, so will ich auch davon überzeugt sein und diese Überzeugung nicht enttäuschen.>[31] Eine besondere Freude war es mir auch, daß Sie von hier ein Gefühl der Ruhe mitgenommen haben. Ich weiß, wie sehr gerade Sie unter dieser Zeit, bei so manchem, was geschieht, leiden; ich möchte auch so gerne, in gegenseitigem Austausch, in gegenseitiger Aussprache Klärung und Hilfe geben, so gut mir das möglich ist, und nun ist das auf direktem Wege so erschwert, der indirekte muß mithelfen.

<Sie haben Recht, wenn Sie sagen, daß sich jede Schuld auf Erden rächt, von dem Satz gibt es keine Ausnahme, ich glaube auch darum wie Sie, daß die Zukunft für unser Land noch manches Trübe birgt. Dann bleibt uns also gar nichts übrig, als uns innerlich möglichst stark zu machen, nur dann werden wir die Kraft zum Überwinden besitzen. Ich glaube, man überwindet diese Zeiten nur, wenn man sich gewöhnt, in größeren Zeiträumen zu denken, wenn man das irdische Dasein nur als Teil des menschlichen Lebens zu betrachten sich bestrebt, und wenn man fest glaubt, daß es einen Gott gibt, der zwar *auch in* den sichtbaren Dingen sich zeigt, der aber *über* diesen steht und

unabhängig von ihnen ist. Lächeln Sie nicht über „klösterliche“ Betrachtungen, solchen Betrachtungen ist hier die Atmosphäre sicher günstig, aber deshalb sind sie nicht weniger richtig.>

<Der außenpolitische Aspekt ist sicher niederdrückend, ich weiß auch nicht, ob die morgige Reichstagssitzung[32] eine starke außenpolitische Wirkung haben wird, aber trotzdem, ich kann noch nicht glauben, daß nicht ein Ausweg aus der Situation gefunden würde; wenn er nicht gefunden wird, sehen wir allerdings einer sehr bösen Entwicklung entgegen.>

Ich weiß nicht, ob das Wort „Erst Liebe, dann Wahrheit“ so, wie es da steht, richtig ist. Ich meine fast, die Wahrheit muß das Primäre sein, oder besser: beide müssen zusammen sein, „Liebe und Wahrheit“; auch eine traurige Wahrheit wird durch Liebe erleichtert, und die Liebe bedarf der Wahrheit als Fundament.

<Heute morgen war ich im Buchenwald, an der Stelle oben, an der wir vor 8 Tagen zusammen waren, es war wundervoll. Zuerst seit Tagen blauer Himmel und weiße Wolken, dazu die Sonne, die herrlichen Buchen, der See und der Blick in die weite Ferne nach Norden zu. Ihr Vater[33] würde auf dem Spaziergang besondere Freude gehabt haben, ich habe in einer Stunde acht Rehe gesehen.>

Morgen früh kommt mein Sohn Max[34], er bleibt bis Donnerstag abend, Donnerstag früh kommen meine Frau und mein Sohn Konrad, alle fahren dann Donnerstag abend zurück. Es ist gut, wenn man als Vater mit seinen erwachsenen Söhnen einmal über unsere Zeit sprechen kann. – Das Felsenbeet ist sicher, nachdem es abgeflacht ist, besonders schön; hoffentlich ist es mir vergönnt, es im nächsten Frühjahr zu sehen. Die Daphne, die ich heute vor 8 Tagen erhielt, entfaltet die letzten Blüten, die Skimmiazweige haben kleine Zweige im Wasser getrieben, ich will einmal sehen, ob sie im Wasser Wurzeln machen, ich fürchte zwar, es ist vergebliche Müh!

Meine Frau ist für jeden Besuch und für alles den Kindern

gezeigte Interesse besonders dankbar, in ihren Briefen erwähnt sie jeden, der kommt. Sie selbst geht nicht aus, sie hat auch wenig Zeit, und der Weg zur Marienburg ist ohne Auto weit.

Wann kommt Ihr Mann zurück? Ich habe noch nichts von ihm gesehen[35]. Hoffentlich kommen Sie beide dann bald einmal nach hier. Sehr schön wäre es auch, wenn Sie öfters an einem Nachmittage, an dem Sie über Ihr Auto verfügen können, meine Frau mit ins Auto packten und zusammen für einige Stunden nach hier kämen. Ich freue mich sehr, daß es Ihnen gesundheitlich gut geht; <mir geht es etwas besser, aber die Schlaflosigkeit und die leichte Ermüdbarkeit wollen nicht weichen.

Ich bitte Sie herzlichst, möglichst gelassen – ich versuche es auch – den Tagesereignissen gegenüberzustehen, man kommt sonst nicht darüber, und es kommen noch schwerere Zeiten.> Schreiben Sie mir bitte einmal, worin jetzt Ihre Tätigkeit besteht, welche Bücher, welche Zeitungen lesen Sie?

Mit herzlichsten Grüßen Ihr
Konrad A.

Recht herzlichen Dank!

Hier beiliegend Notiz von Dora Pferdmenges:

<...> auf meine Geduld habe ich mir ja immer etwas zu Gute getan. Aber bei weiterem Nachdenken glaube ich doch, daß Sie Recht haben; ich habe Geduld zu eng und zu einseitig aufgefasst, als Ausdauer und Beharrlichkeit im Handeln, nicht als Stillehalten im Ertragen des Leides. Das fällt mir sehr schwer, so mit gebundenen Händen still nehmen zu müssen, sich nicht wehren, nicht kämpfen zu können. <...> ich will alles tun, was ich kann, um nicht – innerlich – zu unterliegen.

Mir fehlt es sehr an wirklicher Demut; ich kann mich nicht

dazu bekommen, einmal gar nicht mehr auf mich und meine Handlungen zu vertrauen, sondern auf Gott und im Vertrauen auf ihn zu warten. Ich glaube, wenn ich das könnte, ertrüge ich auch meine Fesseln leichter.

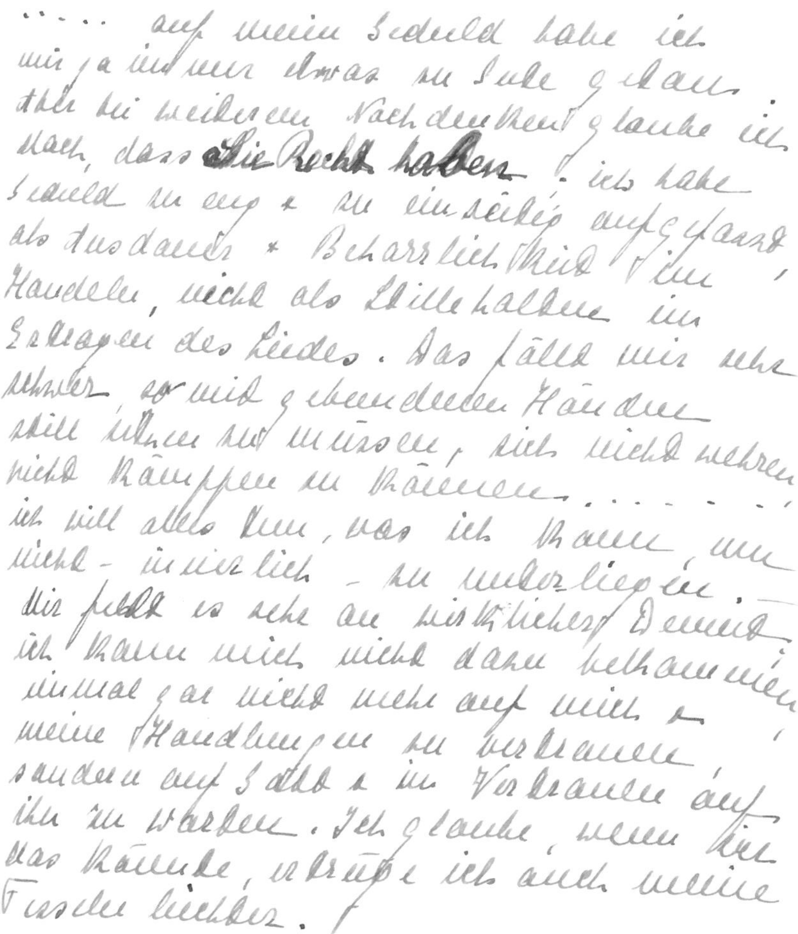

..... auf meine Geduld habe ich mir ja immer etwas zu Gute getan, aber bei weiterem Nachdenken glaube ich doch, dass Sie Recht haben. Ich habe Geduld zu eng u. zu einseitig aufgefasst als Ausdauer u. Beharrlichkeit im Handeln, nicht als Stillehalten im Ertragen des Leides. Das fällt mir sehr schwer, so mit gebundenen Händen still sitzen zu müssen, sich nicht wehren, nicht kämpfen zu können ...... ich will alles tun, was ich kann, um nicht – innerlich – zu unterliegen. Mir fehlt es sehr an wirklicher Demut, ich kann mich nicht dazu bekommen, einmal gar nicht mehr auf mich u. meine Handlungen zu vertrauen, sondern auf Gott u. im Vertrauen auf ihn zu warten. Ich glaube, wenn ich das könnte, ertrüge ich auch meine Fesseln leichter.

Nr. 5

Am Dienstag, dem 6. Juni 1933 (aus Maria Laach)[36]

Liebe Frau Pferdmenges!

Gedanken und Wünsche gehen auch durch die dicksten Mauern hindurch, und so danke ich herzlich für die gesandten Pfingstwünsche. Es war ein etwas starker Gegensatz zwischen Pfingsten, dem Fest der Liebe, darüber handelte hier die Predigt am ersten Tage, der strahlenden Natur und dem, was menschlicher Geist oder Ungeist anrichtet. Übrigens habe ich mich zu Ihrer Ansicht hinsichtlich des Wortes „Erst Liebe, dann Wahrheit" bekehrt. – <Ich habe noch nie im Frühjahr die gesamte Natur so beobachten können wie hier, wo ich mit der Natur lebe; ich bin darum ganz bewegt und erschüttert von der ungeheuren Kraft, welche die Natur in diesen 6 Wochen entfaltet hat: fast jeder Tag ein ganz anderes Bild; sie schafft wirklich Ungeheures in dieser Zeit. – Jetzt ist in 14 Tagen schon wieder Sonnenwende – Wintersonnenwende ist soviel bedeutungsvoller –, dann fängt die Natur schon wieder an, für das nächste Frühjahr zu sorgen; wenn wir doch so stetige, wenn auch ernste Zeiten hätten, daß wir das auch könnten. Ich fürchte, der Ablauf der Dinge ist so, daß wir nichts anderes tun können, als sich in der Geduld zu üben. Von mir gilt das besonders. Es ist eigenartig, wie Ihre Worte den längst vergessenen Spruch aus meiner Kindheit wieder ins Gedächtnis zurückgerufen haben. Ich glaube an ihn, und ich fange auch an, die darin liegende Weisheit mir zu eigen zu machen. Natürlich gibt es Rückfälle, aber es gibt auch Fortschritte; man ist ja auch nie zu alt, sich erziehen zu lassen. – Es geht mir überhaupt geistig besser als körperlich. Nervosität ist ja nicht gefährlich, aber unangenehm.>

<Die Erneuerung der ev. Kirche>[37] interessiert mich nicht nur, ich nehme an ihrem Geschick <lebhaftesten Anteil. Wenn auch diese Begleiterscheinungen nicht erfreulich sind, so zeigen sie doch, daß man erfreulicherweise den richtigen Mann gewählt hat[38]. Ich fürchte, daß wir in absehbarer Zeit einen Zusammenstoß zwischen der politischen Gewalt und den beiden Kirchen, der ev[angelischen] und der kath[olischen], erleben; er kann, wenn diese konsequent bleibt, gar nicht ausbleiben. Schade, daß ich Ihnen das, wie so vieles andere, in dieser von Grund auf aufgewühlten Zeit nicht einmal mündlich vortragen kann.> – Was denkt Ihr Mann von der Weltwirtschaftskonferenz[39]? <Ich glaube nicht an einen nennenswerten Erfolg für uns. Das politische Vertrauen fehlt in der Welt – siehe Genf[40] –, von der Festlegung des Dollars und des Pfundes haben wir nichts, es sei denn, wir gingen mit und dann ist schließlich alles wie vorher, unsere Waren wird man nur hereinlassen, wenn wir die Produkte der anderen nehmen, Kriegsschulden bezahlen wir schon lange nicht mehr, jetzt auch keine sonstigen Auslandsschulden, was soll sich also besonders Gutes für uns ereignen! Schließlich wird die Londoner Konferenz die Schuld ihres Misserfolges der Genfer Konferenz zuschieben und umgekehrt. Und in Deutschland! Es geht alles langsamer als man denkt, zum Guten wie zum Schlechten, bis ganz plötzlich doch das eintritt, was sich allmählich und fast unbemerkt angekündigt hat. Mehr wie je glaube ich das, was ich Ihnen sagte: entweder man wird sich ändern oder man hat schnell abgewirtschaftet.> – Sorgen Sie, daß sich Ihr Mann nicht mit Arbeit übernimmt und seine Nerven schont. Hat er zur Zeit Sorge mit A. Levy? Meine Frau glaubte es, aus einer Bemerkung – Hagen[41] habe ihm eine schöne Erbschaft hinterlassen – schließen zu können. Was macht Herr Flick[42]? Hat er noch seine Rh. W. E.-Aktien, oder hat er schon Harpen?– Verzeihen Sie, wenn ich soviel frage, aber man hört hier von solchen Dingen nichts.

Wenn Sie die seelische Konstruktion von Schröders vom humanistischen Standpunkte aus betrachten, so tun Sie einen Akt der Freundschaft und der Nächstenliebe. – <Was meine geschäftlichen Angelegenheiten angeht, so fürchte ich fast, sie hier zu sehr zu vergessen. Ich muß mir oft sagen, daß noch ein hässlicher Kampf meiner wartet, und ich scheue jetzt so sehr den Kampf, ich bin ihm auch noch nicht gewachsen.> – Schade, daß Sie Pfingsten nicht in Zoppenbroich sein konnten, Sie werden diese Sonntage in Ihrem schönen Garten verbracht haben. Wie sieht er aus, blühen jetzt die Rosen schon? Ich wäre Ihnen dankbar, wenn Sie mir, falls Sie ein freies Kaltbeet haben, eine Anzahl Stecklinge auch von Hortensien, Astern u.s.w. machen würden. Es ist mir gelungen, mit ziemlich viel aktiver und passiver Geduld von den 4 Skimmiazweiglein, die Sie mir nach Neuß schickten, 3 in meinem Zimmer in einem Wasserglas zur Bewurzelung zu bringen, 1 steht jetzt in Erde, die 2 anderen werden demnächst eingetopft. Ich gebe mir die größte Mühe mit ihnen und hoffe, sie später als erinnerungsreichen Besitz nach Hause zu nehmen. – Es war schön, daß Sie Ihren Sohn[43] zu Hause hatten, man muß seinen Kindern jetzt möglichst viel sein. Ich glaube, daß mein Sturz für meine 3 ältesten Kinder in mancher Hinsicht sehr charakterfördernd war, sie halten sich alle drei recht gut. – Sie wissen, welch großes Interesse ich für Ihre Tätigkeit habe und daß es mich sehr freuen wird, darüber, über Ihre Lektüre, über Ihre Ansichten hinsichtlich alles dessen, was ständig vor sich geht, Näheres zu hören. Vielleicht interessieren Sie die anl[iegenden] Artikel aus d. Frankfurter und d. N[euen] Zürcher Z[eitung][44]. Ich mühe mich redlich ab, die Zeit hier in der richtigen Weise zu benutzen.

Mit vielen herzlichen Grüßen Ihr

Konrad Adenauer

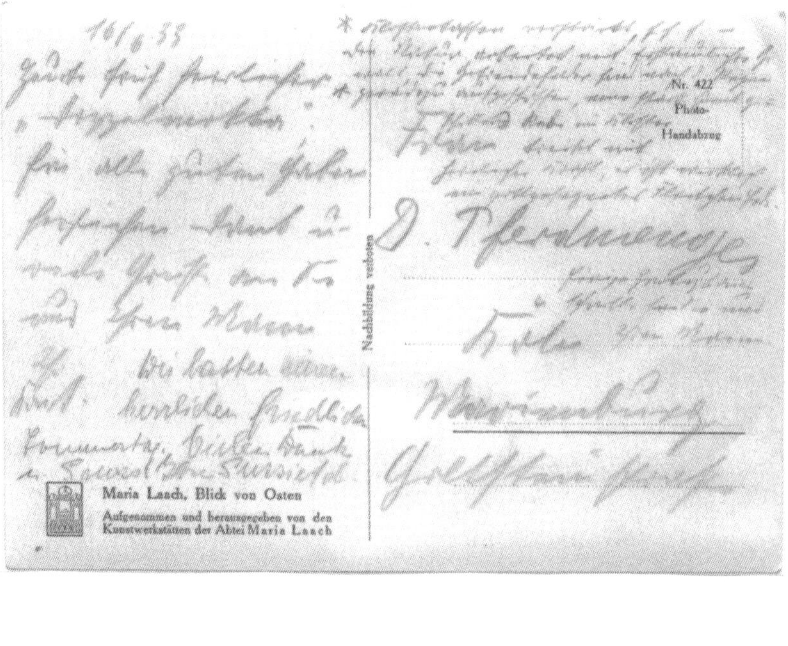
Nr. 422
Photo-
Handabzug
Nachbildung verboten
Maria Laach, Blick von Osten
Aufgenommen und herausgegeben von den
Kunstwerkstätten der Abtei Maria Laach

Nr. 6

Am Freitag, dem 16. Juni 1933
(auf Ansichtskarte „Maria Laach, Blick von Osten")

Heute früh herrlicher „Doppelmokka"*; für alle guten Gaben herzlichen Dank u[nd] viele Grüße an Sie und Ihren Mann.

Ihr
Kon. A.

*[Randnotiz] Klosterkaffee verstärkt, f.f.f. – Die Natur arbeitet mit erstaunlicher Gewalt, die Getreidefelder sind nach d[em] Regen geradezu aufgeschossen, eine stark zurückgeschnittene Rebe im Kloster treibt mit frischer Kraft, es ist wirklich ein gottgesegnetes Fleckchen Erde.

Einige Zeitungsausschnitte für Sie und Ihren Mann.

[P.S. Gussie Adenauer] Wir hatten einen herrlichen friedlichen Sommertag. Vielen Dank u[nd] Gruß

Ihre Gussie Ad.

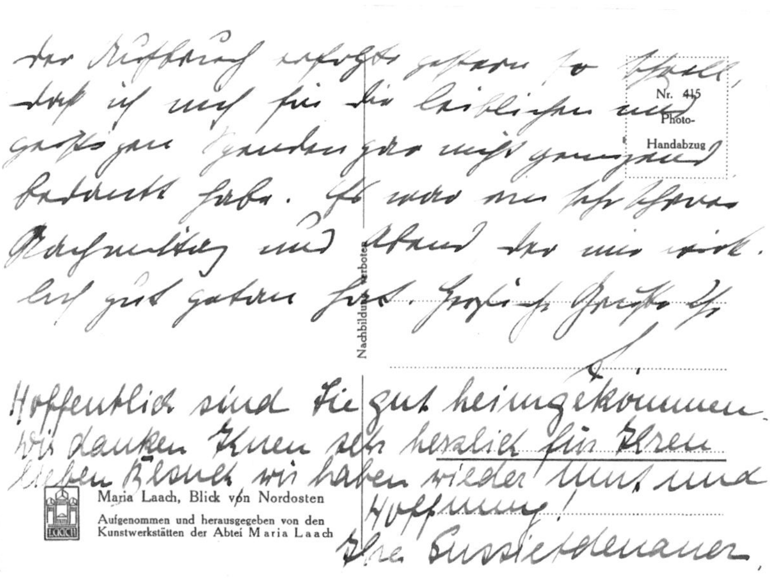

der Aufbruch erfolgte gestern so schnell, daß ich mich für die leiblichen und geistigen Spenden gar nicht genügend bedankt habe. Es war ein sehr schöner Nachmittag und Abend der mir wirklich gut getan hat. Herzliche Grüße Ihr

Nr. 415 Photo-Handabzug

Nachbildung verboten

Hoffentlich sind Sie gut heimgekommen. Wir danken Ihnen sehr herzlich für Ihren lieben Besuch wir haben wieder Mut und Hoffnung!
Ihre

Maria Laach, Blick von Nordosten
Aufgenommen und herausgegeben von den Kunstwerkstätten der Abtei Maria Laach

Nr. 7

ohne Datum, auf Ansichtskarte „Maria Laach, Blick von Nordosten"

Der Aufbruch erfolgte gestern so schnell, daß ich mich für die leiblichen und geistigen Spenden gar nicht genügend bedankt habe. Es war ein sehr schöner Nachmittag und Abend, der mir wirklich gut getan hat.

Herzliche Grüße Ihr A.

[P.S. Gussie Adenauer] Hoffentlich sind Sie gut heimgekommen. Wir danken Ihnen sehr herzlich für Ihren lieben Besuch, wir haben wieder Mut und Hoffnung! Ihre Gussie Adenauer

Dora Pferdmenges fotografiert im Juni 1933 Gussie und Konrad Adenauer am Laacher See; auf der Rückseite der Aufnahme ihr Kommentar „Ein Waldidyll"

Nr. 8

Am Donnerstag und Freitag, dem 29. und 30. Juni 1933 (aus Maria Laach)

Liebe Frau Pferdmenges!

Herzlich danke ich für Ihren Brief; Sie glauben gar nicht, wie dankbar man in der „Verbannung“ zu werden lernt! Sie frugen mich, ob Ihr Mann einen Artikel veröffentlichen solle; ich hatte nicht geantwortet, weil ich befürchtete, zu pessimistisch zu sehen. Die Ereignisse, die eingetreten sind, geben aber wohl die beste Antwort auf die Frage; ein solcher Artikel ist wirklich nicht zeitgemäß. <Was wird nun werden? Hugenberg[45] fort, Aktien steigen, Renten fallen; denn jetzt kommt der Kampf gegen die ‚Zinsknechtschaft'. Deutschnationale Partei fort[46], Zentrums Tage gezählt'[47]! Übrigens wird Hugenberg einmal in die Geschichte eingehen als der Mann, der den Parlamentarismus in Deutschland zu Grunde gerichtet hat.>[48] Unter den Artikeln, die ich beilege, ist ein Artikel der Fr[an]kf[ur]ter Zeitung über Hugenberg, der nicht unrichtig ist[49]. <Dem Zentrum weine ich keine Träne nach; es hat versagt, in den vergangenen Jahren nicht rechtzeitig sich mit neuem Geiste erfüllt. M. E. ist unsere einzige Rettung ein Monarch[50], ein Hohenzoller oder meinetwegen auch Hitler, erst Reichspräsident auf Lebenszeit, dann kommt die folgende Stufe. Dadurch würde die Bewegung in ein ruhigeres Fahrwasser kommen.>

<Eine herzliche Bitte zum Schlusse des politischen Teiles: diskutieren Sie bitte nicht mit einem Nazi, Sie schaden sich nur selbst.> – <Die Vorgänge in der evangelischen Kirche erfüllen mich mit wirklicher Trauer. Wann wird die katholische Kirche in Schwierigkeiten kommen? – <Ich danke Ihnen für Ihre optimistische Meinung hinsichtlich meiner Zukunft, ich kann

sie leider nicht teilen. Seit einer Woche ist ein Generalangriff auf meine Nerven im Gange. Der Antrag auf Grund des § 4 des Beamtengesetzes[51] hat mich innerlich sehr tief getroffen. Dann noch andere Demütigungen, das ganze Demütigende meiner jetzigen Lage, meines Aufenthaltes>; vielleicht neue Schwierigkeiten wegen Rheinbraun – mein Schwiegervater[52] hat heute den Brief nach dort gebracht, <kurz, von Vollkommenheit und ruhigem Ertragen bin ich zur Zeit sehr weit entfernt; ich weiß wirklich nicht, wie das alles enden, was einmal aus meiner Familie werden soll.>

Sehr danke ich Ihnen für das Buch, das Sie mir Fronleichnam mitbrachten; es hat mich außerordentlich gefesselt und ergriffen. Wie viel höher steht sie geistig, seelisch als er? Sie stirbt an gebrochenem Herzen, während er mit seinem immer „kranken und schonungsbedürftigen" Herzen noch lange Jahre lebt! Darf ich das Buch noch etwas behalten? Ich möchte einzelne Stellen am Schluss nochmal lesen. – Wenn Sie mir Cavour[53] selbst bringen, so möchte ich Ihnen sagen, daß ich ihn brennend gern möglichst bald lesen möchte. Kann ich auch noch einmal das Buch von Hellpach[54] haben, das Sie mir einmal geliehen haben, einzelne Stellen daraus möchte ich gern nochmal lesen.

Wie ich höre, haben Sie für unsern Garten Pflanzen geschickt, recht herzlichen Dank. Ich lese fast täglich in den Staudenkatalogen von Arends und von [Goos & Krenemann] und im Katalog von Blumenschmidt, so schaffe ich mir in Gedanken Gärten. Der Klostergarten ist fast ganz auf Nutzung eingestellt, es gibt kaum Blumen, nicht einmal so alte liebe Pflanzen wie Lavendel, Thymian, Christrose. In den Wäldern sind einige seltenere Pflanzen, das Sonnenröschen, das sonst nur m. W. in den Alpen wächst, und eine Orchidee, die ich bis jetzt nur in Chandolin gefunden habe, mit ganz köstlichem Duft. Einstweilen müssen mir diese Pflanzen eine Reise nach der Schweiz ersetzen.

<Darf ich noch einmal politisieren? Jede Revolution zerstört, sie muß zerstören. Es fragt sich nur, was und wieviel. Wenn sie soviel und so schnell und so gründlich zerstört, daß der Neuaufbau unmöglich oder fast unmöglich wird, wenn der revolutionäre Zustand nicht rechtzeitig in die Periode der neuen Ruhe und des neuen Aufbaus übergeht, dann kommt die Katastrophe. Also warten wir jetzt ab, aber es wird Zeit, daß die Zeit der Beruhigung und des Aufbaus einsetzt.>

Einen sehr guten Spruch las ich dieser Tage, „verlorene Macht kann man wieder gewinnen, verlorene Würde nicht." – Ich lache Sie gar nicht aus wegen des Kleeblatts, ich wünsche Ihnen vielmehr, daß alles, was Sie sich dabei wünschen, immer in Erfüllung geht.

„Sich selbst im Leben nicht [fehlen]", ist eine schwere, eine sehr schwere Aufgabe, lassen wir versuchen, sie zu lösen! – Die Lohengrinvorstellung war sicher herrlich. Mich hat es für Hofmüller[55] sehr gefreut, daß Pistor[56] den Lohengrin als Abschiedsvorstellung genommen hat. Es ist vielleicht die beste Inszenierung Hofmüllers, und welche Gefahren, kitschig zu werden, birgt das Stück! Er hat wirklich die Seele des „romanischen" Menschen darin zum Ausdruck gebracht. Mir ist auch unvergesslich der Abend im Februar, als Pistor in der Charlottenburger Oper sang.

30. Juni 1933

Meine Frau sagte mir vorgestern, sie hätte die ganze Woche nichts von Ihnen gehört, sie glaube aber, daß Sie Ihre Eltern dort gehabt hätten. Wie froh können Sie sein, daß Sie noch Ihre Eltern haben! Vielleicht haben Sie jetzt bald Gelegenheit, einmal die Max Bruchstr. aufzusuchen. – Wie muß die Skimmia gehalten werden, trocken, sonnig oder umgekehrt? – Für Ihren Mann wird jetzt das Terrain auch sehr schwierig sein, aber ich glaube, daß er immer die richtigen Wege finden wird. Wenn es möglich ist, können Sie vielleicht dafür sorgen, daß er in der Rheinbraunsache, in der ich gestern den Brief schickte, Sie mir schreiben lässt oder einen meiner Söhne am Samstag kommen lässt, damit ich von diesem, wenn ich Sonntag früh, wie gewöhnlich, zu Hause anrufe, Bescheid bekomme? Die Unsicherheit und die Ungewissheit, sowie die gebundenen Hände, das ist sehr schwer zu ertragen. Ihr Mann selbst scheint ja nicht gern hierhin zu schreiben. Bei der Nachprüfung heute Morgen verstärkt sich meine Überzeugung, daß diese Abberufung aus dem Aufsichtsrat von Rheinbraun rechtlich belanglos ist, es fragt sich nur, wie man taktisch vorgeht. – Mein Schwiegervater hat Ihnen wohl erzählt, daß er zum 2. Male besonders von Tübingen gekommen ist, um von Grohé[57] <empfangen zu werden und zu hören, warum man mich gerade in dieser Weise verfolgt und ächtet>; hoffentlich kommt etwas bei der Unterredung, die heute stattfinden *soll*, heraus.

Grüßen Sie Ihren Mann vielmals. Ihnen recht herzlichen Gruß und Dank Ihr Kon. A.

„... eine Orchidee mit ganz köstlichem Duft...": Die zweiblättrige Kuckucksblume (Platanthera bifolia), auch Waldhyazinthe genannt.

zweckmäßig ist, wenn Vögler noch einen Schritt bei Grauert tut? – Was werden jetzt Ihre Blumen schön blühen, hoffentlich sind Ihre Blumen noch gesund.

Nr. 10

Am Donnerstag, dem 27. Juli 1933 (aus Maria Laach)

Liebe Frau Pferdmenges!

Zu allererst muß ich Ihnen herzlich danken, daß Sie mir sobald in <mein Exil>[65] geschrieben haben; mit Ihren Briefen tun Sie wirklich ein gutes Werk, Gott lohnt es Ihnen einmal. – Wie ich es in Berlin gefunden habe[66]? Wenn noch irgend ein Zweifel gewesen wäre, wie richtig Sie an dem Samstag, als Sie hier waren, gesprochen haben und wie gut es war, daß Sie so gesprochen haben, er wäre in Berlin behoben worden – nur mit dem eventuellen Wechsel des Wohnorts, das kann ich noch nicht acceptieren, es wäre zu hart. Aber ich habe wieder einmal gesehen, wie klar Sie die Situation sehen und wie zuverlässig das ist, was Sie sagen. So bitter die ersten Tage in Berlin waren, der vollständige Umschwung zum Schlimmen in meiner Angelegenheit, das Demütigende der Vernehmungen, trotz der an sich guten Aussagen, der letzte Tag hat mich sehr entschädigt: Sie wissen, was mir der Tiergarten ist, und ich fühlte mich frei, so daß ich des Abends fast meine ganze Lage vergaß. Daran war allerdings die Gesellschaft sehr wesentlich schuld.

<Sie haben von meiner Frau telephonisch gehört[67], daß sie mir gestern die Entlassungsverfügung[68] mitgebracht hat; am Tage vorher hatten meine Söhne sie mir telephonisch vorgelesen. Ich bin dann auf den Berg gegangen, auf dem wir im Frühjahr ein-

mal waren, von dem man einen so schönen Blick auf den See und ins weite Land hat. Dort habe ich mich hingesetzt und die Bilanz meiner Arbeit gezogen, und ich war mit ihr zufrieden. Nicht als ob ich keine Fehler gemacht hätte, die macht jeder, aber ich habe die Überzeugung, daß die Conception der mir gestellten Aufgabe richtig war, und daß ich an sie meine ganze Kraft hingegeben habe; die Arbeit wird auch nicht umsonst gewesen sein, des bin ich sicher. Ich habe auch für meine Heimat und für Deutschland nach besten Kräften gearbeitet. Ich habe mir schon vor Jahren immer als Wahlspruch gesagt, es ist wichtiger und richtiger, was die Nachwelt über einen sagt, als die Mitwelt. Das war immer meine Maxime, das soll sie auch jetzt bleiben. Einen Vorwurf muß ich mir machen: ich habe über der Besessenheit für meine Arbeit meine privaten Interessen vernachlässigt, und das tut mir leid wegen meiner Familie. Gott Dank ist aber meine ganze Familie recht tapfer, und wenn der Körper, was mir mein alter Hausarzt mit Bewunderung bescheinigt hat, es aushält, dann wird sich schon einmal wieder etwas finden. – Es ist merkwürdig, wie es im Leben geht. Ich habe schon vom ersten Mannesalter an immer in Gedanken gesorgt und gesorgt bis in die späte Zukunft hinein, und nun bringt mir unser Herrgott die mir an sich furchtbar schwere und drückende Wahrheit bei, nicht so sehr sich auf sich selbst zu verlassen, sondern Ihm zu vertrauen. Ich bin trotz allem fast heiter, sicher kommen trübe Stunden und Tage – im Cavour, der mich sehr interessiert[69], ich schreibe Ihnen später einmal darüber, habe ich gelesen, daß es ein Zeichen ganz passiver Naturen sei, sich ohne Schwankungen zu ergeben, und passiv bin ich nun einmal nicht –, aber ich komme ganz gut darüber weg. Sie wissen, „verlorene Würde kann man nicht mehr erlangen", und das soll mir keiner meiner Feinde nachsagen, daß ich die Würde verloren hätte. Innerlich hatte ich mich schon langsam seit Monaten von meiner Arbeit gelöst, und Gott sei Dank habe ich seit 2 Jahren eine feste Führung, der

Nr. 11

Am Dienstag und Mittwoch, dem 29. und 30. August 1933 (aus Maria Laach)

Liebe Frau Pferdmenges!

Es kommt mir vor, als wenn ich Ihnen – wegen Ihrer mehrfachen Abwesenheit von Köln – seit unendlich langer Zeit nicht geschrieben hätte. Es ist sehr schade, daß man in diesen so bewegten und inhaltsreichen Zeiten sich nur so selten und so unvollkommen austauschen kann. Wenn die übrigen Länder ihre Ferien hinter sich haben, wird wohl eine politisch interessante Zeit beginnen.

<Ich weiß nicht, ob Sie die Berichte über die Internationale Tagung der Sozialdemokratie in Paris[78] gelesen haben. Die sozialistische Bewegung, soweit sie von der Sozialdemokratie geführt wurde, scheint auch international zu erlahmen. Die Rede, die der Vorsitzende der früheren deutschen Sozialdemokratie, Wels[79], gehalten hat, fand ich sehr schwach; ‚Rache' – darüber sprach er – finde ich, ich glaube, ich treffe mich darin mit Ihnen, unwürdig, so schwer auch an und für sich manchem der Verzicht darauf sein mag.>[80]

Heute fahren die 3 Kleinsten zurück, morgen folgt meine Frau, Paul bleibt noch 1 Woche hier, am Sonntag kommt mein Sohn Max für einige Tage, dann wird es wieder sehr still hier werden. <Wie lange ich hier noch bleiben werde, lässt sich auch nicht annähernd übersehen; es ist doch eine schwere Geduldsprüfung; darüber hinaus ist für jemand, der sein ganzes bisheriges Leben in einer – scheinbar – sicheren Bahn verbracht hat, der Blick in eine vollständig verhangene Zukunft ein schweres Problem. Man muß sich im wahrsten Sinne des Wortes Gott ganz in die Hand geben, und das erfordert starken

Glauben und starkes Vertrauen.> – Ich weiß gar nicht, was ich meiner Tochter Ria zu tun raten soll. Sie trägt den Umschwung in unsern Verhältnissen, der für sie infolge des Wegfalls aller gesellschaftlichen Beziehungen bei ihrem Alter – fast 21 Jahre – besonders schwer ist, in ganz ausgezeichneter Weise, ist fleißig und strebsam, aber was soll sie werden[81]? Das Studium liegt ihr nicht, bietet auch keine Aussichten; es ist für ein junges Mädchen noch schwieriger heute als für einen jungen Mann. Den Sommer über hat sie Sprachstudien getrieben, sie ist im Englischen und Französischem ganz gut, Schreibmaschine, Stenographie, Buchhaltung gelernt, aber was nun? Ich möchte sie eigentlich den Winter über diese Kenntnisse vervollkommnen, dazu Hauswirtschaft lernen lassen, damit man sieht, wie die Welt nächstes Frühjahr aussieht.

30. August 1933

Heute ist meine Frau abgefahren, sehr schweren Herzens, der Aufenthalt in Köln ist ihr doch sehr bitter, nicht wegen des Verlustes der Stellung, sondern wegen der ganzen sonstigen Situation. Sie kennen die Werke der „geistigen Barmherzigkeit"; Sie tun eins von ihnen, wenn Sie sich regelmäßig etwas um sie kümmern und sie regelmäßig aufsuchen, sie empfindet das sehr dankbar.

Sie waren wohl von Berlin aus in Lindenberg? Wie kommen Sie sich in dieser Situation vor? – Was macht Ihr Garten? Phlox, Helenium, <...> werden verblüht sein; ich hoffe aber, daß sich Ihre Rosen gut entwickelt haben, auch Ihre Astern – von denen ich letzten Herbst bekam – werden jetzt bald blühen, ich habe das Bild Ihres Rosengartens mit den blühenden Astern ringsherum so gut vor den Augen. Ich habe Unglück mit meinen Skimmiapflanzen gehabt. Stehen sie bei Ihnen trocken oder feucht, und in welchem Boden? Mir hatte ein Sachverständiger gesagt, es seien Moorbeetpflanzen, infolgedessen habe ich sie zu feucht gehalten und sie haben Wurzelfäule bekommen. Ich habe sie umgetopft, zwei wieder ins Wasser gesteckt, hoffentlich bekomme ich sie doch noch durch.

Hier ist es Morgens und Abends doch schon herbstlich, so schön auch die Tage sind. Den Hochsommer liebe ich nicht, ich fand zwei Gedichte über den Sommer, die ich Ihnen beilege, wenngleich ich das eine etwas zu lebensmüde finde[82]. – Ich lege Ihnen auch bei Abschrift eines Artikels aus der Zeitschrift „Natur und Kultur"[83]; ich dachte dabei an Ihren Glauben an Hermanny[84]; ich hoffe nur, daß Sie über den Glauben an ihn den Glauben an die medizinische Wissenschaft – bei aller kritischen Betrachtungsweise – nicht verlieren. Vielleicht interessiert Sie auch die Notiz über die Prinz-Eugen-Ausstellung[85], nachdem Sie jetzt das Buch über ihn[86] gelesen haben. Kennen Sie übrigens das Buch über Talleyrand[87], das im letzten Jahre erschienen ist? Ihrem Manne habe ich geschrieben, daß er Ihnen das neueste Buch von Paléologue über die letzte Zarin[88] anschaffen möge.

Daß Sie und Ihr Mann uns an dem Sonntage so überrascht haben, war sehr schön; es hat mir wirklich sehr gut getan, man bekommt immer wieder neue Kraft und Ausdauer – es ist so nötig –, hoffentlich ist es Ihnen möglich, bald wiederzukommen. – Ich erwarte hier Ende der Woche Prof. Grimm[89]; ich habe mich überhaupt noch nicht über meine ganze Lage in Ruhe aussprechen können, auch nicht in Berlin, und ich verlange doch sehr nach einer solchen Aussprache. Wenn Herr Heineman[90] Mitte September kommt, kann er hoffentlich sich mit Ihrem Manne einmal besprechen; wenn Sie und Ihr Mann dann von Köln abwesend sein sollten – ich nehme an, Sie werden doch zur Erholung vor dem Winter etwas verreisen[91] –, wird Ihr Mann ihm vielleicht einmal danach in Brüssel aufsuchen, oder er kommt noch einmal nach Köln; er reist noch viel mehr als Ihr Mann in Europa herum.

Ich hoffe, daß es Ihrem Manne und Ihnen gut geht und daß ich nicht ganz vergessen werde. Mit vielen herzlichen Grüßen an Ihren Mann und besonders Sie

Ihr

Konrad A.

[Beiliegende Notiz] Professor Schröder[92], der Leiter des Instituts für Metapsychologie in Berlin, brachte zwei Glasschalen mit angefeuchteten Bohnen unter gleiche Verhältnisse des Lichtes, der Wärme und der Feuchtigkeit. Er ließ das eine Glas von einer magnetopatisch begabten Person 4 Tage lang je etwa nur 8 Minuten lang „bestrahlen", das heißt zwischen die Fingerspitzen nehmen. Die „bestrahlten" Bohnen keimten viel rascher als die unbestrahlten.

Seehotel. Maria Laach

Nr. 12

Am Dienstag und Mittwoch, dem 19. und 20. September 1933
(aus Maria Laach)

Liebe Frau Pferdmenges!

Es war ein richtiger Weihnachtsgabentisch, mit dem Sie mich so überrascht und erfreut haben. Ich war wirklich ganz gerührt von so viel Güte, die aus der Auswahl und Zusammenstellung sprach. Zuerst habe ich nach dem Aufsatz von Rolland[93] gegriffen und mich daran erfreut, dann habe ich mir eine gute Tasse Kaffee gemacht – ich wollte, es ginge mit der Kaffeeflasche wie mit dem Ölkrüglein der Witwe von Sarepta[94] – und köstlichen Lebkuchen gegessen. Sie sehen aus der Folge, daß es mit der Abgeklärtheit noch nicht soweit her ist. Ich danke Ihnen recht herzlich für alles, insbesondere für Ihre freundschaftliche Güte. Ich wünsche mir, einmal die Gelegenheit zu haben, mich etwas zu revanchieren.

Ich finde es sehr vernünftig, daß Sie Ihren Wagen mitgenommen haben. Als ich vor zwei Jahren im Oktober in [Baden-Baden] war[95], hatte ich den Wagen des Dr. H<...> öfter zur Verfügung und habe gestaunt, welche Fülle schöner Ausflüge man machen kann. Hornisgrinde habe ich immer nur bei trübem Wetter besucht, und dann macht sie und der Mummelsee einen traurigen Eindruck. Hoffentlich hatten Sie und haben Sie noch so schöne, sonnige Tage, wie sie hier waren. Sie werden sicher auch einmal nach Straßburg fahren, dann grüßen Sie das Münster von mir, ich habe eine wahre Sehnsucht nach ihm.

Über dem See ist jetzt die Luft oft ganz silbrig, eine entzückende Färbung, die Natur ist noch schön, aber so müde, sterbensmüde. Man sieht ihr an, wie gerne sie zur süßen Ruhe geht. Ich finde, daß die Natur im Winter nicht so nach Tod aussieht wie jetzt;

wenn die Blätter gefallen sind, sieht man die neu getriebenen Knospen und denkt schon an den Frühling.

Sie waren mit meinem letzten Briefe nicht so ganz einverstanden, ich glaube aber, daß Sie mir Unrecht getan haben. Ich bin wirklich nicht verzweifelt, wenngleich ich davon überzeugt bin, daß ich niemals wieder eine <...>[96] meine Zeit und Kraft ausfüllende Arbeit bekomme und insofern, wenn man will, eine erledigte Existenz bin. Ich muß deshalb versuchen, aus den vorhandenen Trümmern eine bescheidene Hütte zu errichten; ob das gelingt, weiß ich auch nicht, ich hoffe es, ich hoffe auch, daß sich Hände finden, die mir dabei helfen. Wenn mir das gelingt und wenn mir dadurch eine kleinere Arbeit, die einen etwas noch ans Leben heranbringt, zuteil wird, will ich zufrieden sein. Ich verzweifle also wirklich nicht – natürlich hat man seine trostlosen Stunden und Tage – und sage mir, daß es noch schlimmer hätte kommen können und daß andere es noch schlimmer haben. Sie haben im Gespräch mit meiner Frau gemeint, es sei richtig, das Dienststrafverfahren zu beschleunigen, dann könnten meine Freunde auch eher etwas für mich tun; ich weiß nicht, ob das richtig ist. Wenn ich das Verfahren beschleunige – was übrigens kaum in meiner Macht liegt –, würde ich, wie die Verhältnisse zur Zeit noch liegen, in erster Instanz sicher irgendwie bestraft werden, und das kann ich mir leider nicht leisten; wenn ich es mir leisten könnte, mit Vergnügen.

20. September 1933

Nach dem, wie ich höre, wird man sogar damit rechnen müssen, daß das Disziplinarverfahren noch Jahr und Tag dauert. Übrigens habe ich mich damit abgefunden, zunächst einmal bis zum Frühjahr hier bleiben zu müssen. Mit den Schwalben bin ich also nicht weggegangen – sie haben sich mit einem

Zwitscherkonzert in fortissimo verabschiedet – in der Hoffnung, daß die in Aussicht gestellten öfteren [sic!] Besuche nicht eine fata morgana bleiben. – Sie lieben I[solde] Kurz[97] sehr; ich habe in den 5 Monaten, die ich jetzt hier bin, nur ein belletristisches Buch, von Conrad[98], gelesen. Auf Ihr Urteil über Spengler[99] bin ich gespannt. Ich habe drei Rezensionen über das Buch gelesen, die Inhaltsangabe war in jeder ganz anders. Ich bekomme ihn jetzt geliehen, mal sehen, zu welchem Urteil man kommt. Die Stelle von Zehrer habe ich Ihnen geschrieben, um darzutun, wie schnell die Ernüchterung kommt. Ich mache sie mir nicht ganz zu eigen, aber es ist doch *viel* Wahres daran. Ich überschätze mich aber wirklich nicht, und ich verlange auch nicht zuviel von den Menschen. Vor einigen Tagen hat mich ein – ernst zu nehmender – Journalist besucht[100], und er hat mich gefragt, ob ich große Enttäuschungen bei Menschen erlitten hätte. Ich habe ihm gesagt, ich hätte wenig von den Menschen erwartet und sei deshalb auch nicht enttäuscht worden. Was nun *Schopenhauer*[101] angeht, in dem ich, wenn möglich, täglich lese, so ist seine Lektüre wegen ihrer Kälte und Ehrlichkeit eine wahre Wohltat nach all' dem verlogenen unehrlichen Quatsch, den man heutzutage vorgesetzt bekommt. Er hat sicher nicht in allem Recht; er verkennt m. E. vor allem, daß nicht nur der Verstand, daß auch das Gemüt des Menschen eine reale Tatsache ist, daß nicht nur das Leid, daß auch das Glück etwas sehr Positives ist, aber – in vielem, was er sagt, hat er Recht. Seine Sprache, seine Gedanken sind kalt und klar wie Winterluft; ein Frost macht ja nichts, das ist wahr, aber die Kälte tötet doch viele schädliche Bakterien, die sonst wuchern würden.

H[eineman] hat seine Reise zu mir auf Mitte Oktober verschieben müssen, sagen Sie es bitte Ihrem Manne, den ich einstweilen noch mit einem Briefe verschonen möchte; ich weiß, daß er kein Freund vom Briefschreiben ist, zumal nicht in den Ferien.

In der Landwirtschaft sind wir ja nun glücklich so weit, ich bin neugierig, was nun dran kommt. Westlich vom *Sattel des Merkur* führt ein Weg zu einem nicht weit von da gelegenen Dorf und [einer] Schlossruine – ich weiß den Namen nicht mehr –, von dort hat man einen wunderbaren Blick auf das jetzt schon oft das Rheintal erfüllende Nebelmeer; man geht zweckmäßig über das neue Schloss und dann einen langsam aufsteigenden Waldweg hinauf, einen der schönsten Wege und der schönsten Teile von Baden; machen Sie ihn einmal an einem schönen Morgen, Sie werden nicht enttäuscht sein.

Der Vers von Dante[102] ist besonders schön und trostreich. Grüßen Sie Ihren Mann vielmals, erholen Sie sich beide recht gut, und seien Sie recht herzlich gegrüßt von Ihrem

Konrad Adenauer

Nr. 13

Am Dienstag, dem 26. September 1933 (aus Maria Laach)

Liebe Frau Pferdmenges!

Recht herzlichen Dank für die schöne Karte von der Ebersteinburg und ihren l[ieben] Brief. Ebersteinburg, Merkur, Teufelskanzel – der Name gehört nicht in diese paradiesische Gegend –, der Weg dorthin über das neue Schloß ist für mich der schönste Teil von B[aden-]Baden. Auch hier sind jetzt herrliche Tage, gestern abend war eine wahre Symphonie von grau – silbergrau durch alle Stufen hindurch bis schwarzgrau –, zartestem blau und gold, und alles gab der spiegelglatte See noch einmal verklärt wieder; es ist schade, daß man nicht malen kann.

Am Sonntag war Professor Sierp[103], der Botaniker, bei mir und hat mir erzählt, daß die Gartenbauausstellung in Köln[104] ganz herrlich sei, das Staatenhaus mit dem Rheinpark gebe dem wundervollen Inhalt einen wundervollen Rahmen. Hoffentlich können Sie sie noch sehen, sie dauert, glaube ich bis 1.10. Es ist doch eigentümlich, daß die letzte Ausstellung, die ich angeregt habe, eine Gartenbauausstellung ist. Übrigens will man den botanischen Garten schließen, die Kinder brauchten auch keine Pflanzen für den botanischen Unterricht mehr, man habe das in seiner Jugend auch nicht gehabt, und man sei doch was geworden. – Jeder nach seiner Façon. – Ruhstein und die ganze Gegend kenne ich gut, es ist eine wunderbare Stimmung dort. Ich riet Ihrem Manne zu einem Ausflug nach Lustschloß Favorit; falls Sie noch nicht da waren, rate ich es dringend. Sie fahren am Merkur vorbei ins Murgtal und dann talabwärts.

Ich glaube, Sie haben Spengler richtig charakterisiert; ich werde ihn einstweilen nicht lesen und Ihr Urteil abwarten. – Ich würde Ihnen sehr gerne schreiben, Ihre Kaffee<essenz> und Ihr Himbeergelee sind ausgezeichnet, ich muß aber wahrheitsgemäß sagen: sie *waren* ausgezeichnet.

Am vorletzten Sonntag war im Hochamt mein Nachbar in der Bank – Sie werden erstaunt sein – Herr Generalsuperintendent Stoltenhoff[105]. Er war 1 1/2 Tage im Kloster, hat die Gottesdienste mitgemacht, und es hat ihm ausgezeichnet gefallen. – Hoffentlich behalten Sie auch die nächsten Tage noch das prachtvolle Wetter, damit Sie recht erholt in das geliebte Köln zurückkehren. Ich hoffe, daß Sie Ihr Besuchsversprechen bald erfüllen.

Mit herzlichen Grüßen

Ihr
K. Adenauer

An der Klostermauer in Maria Laach, vor dem „Adenauertörchen" (spätere Bezeichnung)

Nr. 14

Am Mittwoch, dem 18. Oktober 1933 (aus Maria Laach)

Liebe Frau Pferdmenges!

Ich danke Ihnen recht von Herzen für Ihren guten, verständnisvollen Brief, der mir wirklich ein Trost war und mir neue Kraft gegeben hat. Um so mehr bedauere ich, daß mein vorangegangener Brief Sie betrübt hat. Wenn Sie kommen – ich hoffe von Herzen, daß Sie Ihren Vorsatz nächste Woche ausführen können –, will ich versuchen, Ihnen das alles klar zu legen, und ich hoffe, daß dem Sünder, der offen bekennt, Vergebung zu teil wird. Die Einsamkeit ist eine große Gnade, aber sie kann auch auf Irrwege führen. Man denkt die Probleme, mit denen man sich beschäftigt, immer wieder durch, man gewinnt in vielem eine größere Klarheit, als man sie draußen erringen kann. Aber wenn man in seinem Denken einen Irrweg einschlägt, dann läuft man Gefahr, sich auch gründlich zu verlaufen, und dann muß eine führende Hand einen zurückführen.

Wenn Sie kommen, dann bemessen Sie Ihren Aufenthalt – ich bekomme ja bitte vorher Bescheid, damit ich nicht irgendwo im Walde bin – nicht zu kurz, ich bitte Sie sehr darum. Es sind ja so sehr wichtige Dinge, mit denen ich mich beschäftige und die ich Ihnen vortragen möchte; ich möchte auch gerne einmal mit Ihnen über meine Beziehungen zur D[eutschen] Bank, die Wohnsitzfrage usw. sprechen. – Dem Satz, den Sie über die Quellen meiner Kraft schrieben, stimme ich vollkommen und aus wahrer Überzeugung zu; ich will nichts anderes, als was Sie darin zum Ausdruck bringen wollten; ich danke Ihnen sehr dafür.

Daß Herbst's[106] fortgehen, bedauere ich für Sie; Sie haben Recht, die Kölner Kreise verändern sich sehr; aber ich hoffe doch, daß sich wieder einmal etwas Neues bilden wird, vor allem aber, daß Teile des Alten überstehen und noch dadurch gekräftigt werden. – Welch' rasend schnelle Entwicklung nimmt die Politik! Wenn man unsern Erdball betrachtet, die Lage in Europa, in Rußland, wo eine furchtbare Hungersnot herrschen muß[107], ganze Dörfer seien, wie ich hörte, ausgestorben, Nordamerika, Teile Asiens, dann kann man fast besorgt werden und sagen „Chaos regiert die Stunde"; aber man soll immer noch auf einen guten Ausgang aller Schwierigkeiten hoffen.

Über das Jagdglück Ihres Vaters freue ich mich sehr, weil ich darin wohl den besten Beweis dafür sehen kann, daß er ganz wiederhergestellt ist; ich habe in den letzten Wochen manchmal daran gedacht, ob Sie mit ihm in die Eifel gingen. Sie schilderten dann nach Ihrer Rückkehr die herbstliche Pracht der Wälder, davon ist hier noch keine Rede; der Wald fängt erst ganz langsam an zu färben, trotzdem es schon zweimal sehr stark gereift hat. Wenn der Wald sich gefärbt hat, müssen Sie aber unbedingt einmal mit meiner Frau hier hin kommen, wir machen dann einen großen Spaziergang rund um den See, vielleicht bringen Sie dann auch noch meine Tochter mit. – Würden Sie sie jetzt nach England gehen lassen? Es bietet sich ihr eine, wie ich glaube, ganz gute Gelegenheit[108].

Die Christrose blüht! Wie mich das freut; Sie haben es so schön gesagt. Ich habe oft an sie gedacht, aber weil Sie gar nicht von ihr sprachen, wagte ich nicht zu fragen. – Ich glaube, ich muß jetzt meine beiden Skimmia-Kinder ins Kalthaus zur Überwinterung geben, der Fensterplatz, den sie noch haben, ist nicht günstig. Die beiden Zweige, die ich nach der Bewurzelung amputieren musste, fehlt ihnen.

In meinen persönlichen Angelegenheiten hat sich auch wieder allerlei ereignet, Gutes und Schlechtes durcheinander; ich erzähle Ihnen davon. Daß mir aber in dem Aufsatz in den „Süddeutschen Monatsheften"[109] ein Strick aus meiner Tätigkeit 1923/1924 gedreht wird, ist wirklich schon eine starke Umkehr der Wahrheit. Auf meine Tätigkeit damals bin ich sehr stolz gewesen und mit Fug und Recht; denn zur Rettung der Rheinlande habe ich damals die ganzen Monate sehr wesentlich beigetragen; und die Leute, die uns damals abhängen und dem Feinde überantworten wollten, laufen heute in hohen Ehren als national gesinnte Männer herum! Es geht wirklich manchmal etwas komisch zu in der Welt[110].

Grüßen Sie den Tiergarten herzlichst von mir; an den Tiergarten im Herbst und Winter knüpfen sich bei mir so starke, wertvolle Erinnerungen. Vielleicht muß ich in den nächsten Wochen auch noch einmal nach Berlin. – Soll ich Ihnen hier und da nochmals Zeitungsausschnitte schicken? Ich würde sie so wählen, daß sie keine vorübergehenden Tagesfragen behandeln; ich denke mehr an Artikel, die einen gewissen Überblick geben. Mir würde die Auswahl zu treffen eine Freude sein. – Dieser Tage las ich einen Aufsatz über das Leid von einem Jesuitenpater Lippert[111], dessen Bücher in der Frankfurterzeitung [sic!] immer sehr gelobt werden. Er unterscheidet drei Gruppen bei den von Leid betroffenen Menschen: Die einen vergiftet es, sie werden bitter und hart; die anderen zerbricht es, sie werden müde, stumpf selbst gegen das Leid, apathisch, sie sehnen den Tod herbei; die dritten erhebt und veredelt das Leid zu einer sonst nicht erreichbaren Höhe und Größe. Ich glaube, Sie gehören zu dieser Gruppe, während ich zwischen der zweiten und dritten Gruppe hin und her schwanke; aber ich habe wenigstens den festen Willen, endgültig zur dritten Gruppe zu kommen.

Es ist jetzt sehr still hier geworden; in den Wäldern kommen die Rehe wieder heraus und besehen einen ebenso interessiert und gespannt wie man sie besieht. Der Himmel sieht manchmal gar nicht nach Herbst aus, so golden versinkt die Sonne. Ich saß am Montagabend auf derselben Bank, auf der ich heute vor 14 Tagen saß, und der Abend verging diesmal wirklich in strahlender Schönheit, das junge Grün auf den Feldern gab Zeugnis vom Willen zum Leben. – Am Sonntag hatte ich es sehr gut: eine sehr schöne Post, einen sehr stillen Tag und abends zwei Beethoven'sche Symphonien[112]. – Es ist sehr still hier geworden. Morgen kommt meine Frau für 3 Tage, es wird uns beiden gut tun.

Gute Reise nach Berlin und gute Wiederkehr und hoffentlich auf Wiedersehen hier nächste Woche (bringen Sie mir bitte etwas Himbeergelee und Kaffeeessenz mit – welch ein Kind! –).

Recht herzlichen Dank und Grüße Ihr

Konrad Adenauer

[P.S.] Grüßen Sie Ihren Mann.

Nr. 15

Am Freitag, dem 15. Dezember 1933 (aus Berlin[113])

Liebe Frau Pferdmenges!

Herzlichst danke ich Ihnen für Ihren l[ieben] Brief, ich habe mich sehr über ihn gefreut – wie immer. Ich kann so aus der Entfernung Ihrem Tun und dem Geschehen in Köln folgen. Die Erwähnung Ihrer Gesellschaft letzten Sonntag ruft die Erinnerung an so manchen vergnügten Abend und so manche schöne Stunde in Ihrem Hause wach! – Weniger gefällt mir, daß Hermanny[114] konsultiert werden muß, aber es ist ja nicht zu verwundern! Wenn er nur hilft und wenn keinesfalls durch seine Behandlung etwas versäumt wird!

Was haben wir doch für ein Jahr hinter uns, und was haben wir vor uns? Als wir übrigens Klöckner[115] hier sahen, war er alles andere denn Optimist, ich habe ihn noch nie so gesehen. – Daß Ihr Mann manche Sorgen hat, kann ich verstehen, zumal jetzt, wo ich, wie ich glaube, allerlei Einblicke in das Wirtschaftsleben erhalten habe. Diese fast sechs Wochen, die ich jetzt in Berlin zugebracht habe, waren sehr lehrreich; ich glaube, einen ganz guten und einen relativ abgeklärten Einblick in die politische und in die wirtschaftliche Lage bekommen zu haben, das würde ich Ihnen sehr gerne – wie so vieles andere – einmal mündlich erzählt und mich gerne mit Ihnen darüber ausgetauscht haben.

Es ist schade, daß Sie in dieser Woche nicht nach Berlin gekommen sind; dann würde ich auch – von Ihnen mitgenommen – in die Charlottenburger Oper gegangen sein; so habe ich es nicht über mich gebracht, hinzugehen. Auch das – neu geordnete, z. Teil schauderhaft angestrichene – Kaiser-Friedrich-Museum hätte ich Ihnen gerne einmal gezeigt, es hat doch 40-50 *sehr* schöne Bilder, das andere kann man entbehren, München und Dresden stehen an Durchschnittsqualität entschieden höher.

Meine Sache steht so günstig, daß, wenn nicht etwas ganz Unerwartetes passiert, sie sehr friedlich ausgehen wird[116]; auch mit der Kölner maßgebenden Stelle ist von einem Dritten – ohne mein Vorwissen – gesprochen worden, und sie hat erklärt, keine Schwierigkeiten machen zu wollen. Es ist mir Hülfe geworden von Personen, an die ich in dem Zusammenhange gar nicht gedacht hatte, und ich erblicke wirklich Gottes Fügung darin, der die Prüfungen von den Menschen nimmt, wenn sie ihren Zweck erfüllt haben. Ein wirklicher Trost ist mir, wie schon früher einmal vor 25 Jahren in einer entscheidenden Phase meines Lebens, Hiltys „Schlaflose Nächte"[117] gewesen, eines der schönsten Bücher, die ich kenne.

Ich kann jetzt hier nichts mehr tun, sondern muß abwarten, wie alles zu Ende geht; ich fahre deshalb Sonntag nach M[aria] Laach zurück. Ich bin körperlich sehr müde, denn es waren aufregende und anstrengende Wochen. Dieses Arbeiten in gegen mich zusammengetragene Akten, über 1000 Seiten, hat an meinen Nerven geradezu gerissen und mir oft seelische Übelkeit verursacht. Aber ich habe doch auch manches dabei gelernt, auch über mich selbst, und es hat auch Lichtblicke in meinem Berliner Aufenthalt gegeben. Geistig – nun lachen Sie nicht und lächeln Sie auch nicht – werde ich mich, wie ich glaube, wenn die Zukunft meiner Familie mir in etwa gesichert erscheint, jünger und frischer fühlen als die ganzen letzten Jahre; es ist eine wahre Erholung, unbekannt unterzutauchen, und meine sonstigen Kraftquellen fließen stärker denn je.

In M[aria] Laach werde ich untertauchen in Einsamkeit, in Natur- und hoffentlich Gottesverbundenheit. Nächsten Donnerstag ist Wintersonnenwende, ein Tag, der mir als so ganz besonders schön und wertvoll erscheint. – Werde ich Sie noch sehen vor Weihnachten[118]? Ich würde mich sehr darüber freuen.

Es war bitter kalt hier, heute geht es, und dabei in der Stadt oft ein dichter gelber Nebel, der ganz widerlich war. Auch hier liegt eine leichte Schneedecke; der Tiergarten, in dem ich so oft war, wie es meine Zeit irgend zuließ, sieht sehr winterlich aus; die Amazone sieht, zumal jetzt im Dunst und in der Dämmerung, wenn alle Konturen verwischt sind und alles unwirklich und märchenhaft erscheint, wundervoll aus.

Sehr gerne würde ich mit Ihnen einmal die Frage unseres zukünftigen Wohnsitzes besprechen[119]; ich muß im Frühjahr wenigstens für eine Zwischenperiode geordnete Verhältnisse für meine Familie und mich schaffen. Auf Ihr klares Urteil, das haben Sie, wenigstens in der Regel, gebe ich hierbei besonders viel. Sehr dankbar bin ich Ihnen, wenn Sie sich meiner Frau und meiner Familie etwas annehmen, Sie tun ein wirklich gutes Werk damit, das dankbar anerkannt wird.

Über den Philosophen Dilthey[120] habe ich vor kurzem gelesen, *von* ihm noch nichts. Es geht mir wie Ihnen, ich schrecke immer etwas zurück vor der Beschäftigung mit Philosophie, ich finde, es ist so furchtbar viel Gedankenakrobatik und Selbstgefälligkeit dabei. Sie haben vergessen, mir zu schreiben, welche Bücher Sie jetzt lesen. Für meine Tochter[121] etwas zu finden, ist furchtbar schwer. Als besseres Kindermädchen möchte ich sie nicht gehen lassen, das hat keinen Zweck. Sie kann Englisch, Französisch, Schreibmaschine und Stenographie, und <...>

Winter in Maria Laach

Nr. 16

Am Sonntag, dem 4. März 1934 (aus Maria Laach)[122]

<...>

Hier ist tiefer Winter, hoher Schnee und viel Nebel, im Hause herrscht die strenge Luft der Fastenzeit, die Orgel z. Bsp. wird, abgesehen von den Sonntagen, von Aschermittwoch bis Ostern nicht gespielt, Text und Melodie der Gesänge sind sehr streng[123]. Es war nach der Abwesenheit von 7 Wochen mir einige Tage sehr schwer, mich zurechtzufinden. Weihnachten ging es viel leichter; jetzt geht es wieder einigermaßen.

Hier ist während meiner Abwesenheit eine wahre – sehr offen zugegebene – Götterdämmerung eingetreten[124].

Gewiß hat Berlin vor Bonn manche Vorzüge, die einheimische Luft ist vielleicht noch etwas nervenreizender, auf der anderen Seite fürchte ich, daß die große Entfernung Fäden, die mich an das Rheinland fesseln, lockern möchte.

Den Jahrestag meines „Auszugs“ aus Köln, 13. März, werde ich in Berlin festlich begehen[125].

<...>

Ist das Gedicht nicht schön?

C h i n e s i s c h e   W e i s h e i t

Wem das innere Licht leuchtet, der hat guten Willen;
Wer guten Willen hat, dessen Herz ist gebessert;
Wer ein gutes Herz hat, ist kultiviert;
Wer kultiviert ist, hat Ordnung in der Familie;
Wer Ordnung in der Familie hat schafft Ordnung im Lande;
Wenn Ordnung ist in den Ländern, so haben wir den Frie-
den auf der welt.

Tsin-Tsan, Schüler des Konfuzius.

Anlage zu einem Brief von
Gussie Adenauer an ihren Mann
(Frühjahr 1934)

Nr. 17

Am Samstag, dem 24. März 1934 (aus Berlin)

Liebe Frau Pferdmenges!

Recht herzlichen Dank für Ihren l[ieben] Brief, der ankam, als meine Frau gerade im Begriffe war, abzureisen. Ich freue mich, daß Ihre Reise so schön verlaufen ist, sie wird Ihnen beiden hoffentlich eine wirkliche und dauerhafte Ausspannung und Erholung sein. Ich bin sehr gespannt, wie Ihnen beiden Rom gefallen wird. Ich hatte immer etwas Angst vor einer Reise dorthin, ich fürchtete, sie würde eine Enttäuschung sein wegen der [massivsten] und zum Teil für uns nicht artgemäßen Frömmigkeit; aber man hat sich vielleicht an Gemeinschaftsgefühl und den Ausdruck eines solchen etwas gewöhnt. – Wenn Sie und Ihr Mann einen etwas eigenartigen Eindruck bekommen, so denken Sie daran, daß auch in derselben Religionsgemeinschaft jedes Volk seine eigene Psyche behält und sein besonderes Frömmigkeitsideal. – Ich könnte mir aber auch denken, daß die Charwoche und das Osterfest in Rom doch tiefe Eindrücke vermitteln kann.

Ich habe heute hier den Mietvertrag unterschrieben[126], zunächst auf ein Jahr, was dann wird, muß man abwarten. Das Haus ist schön und bequem, etwas teuer, relativ, nicht absolut genommen, einen ziemlich großen für die hiesigen Verhältnisse – Klima und Boden – anständigen Garten, der Rasen ist vollständig vermoost, das ist die Strafe für meine „übertriebenen Rasenansprüche". Der Frühling macht sich langsam auch hier bemerkbar – ich werde seine große Entfernung von Neubabelsberg schmerzlich empfinden –. Ein unerwartetes Frühlingserlebnis hatte ich heute morgen. Ich ging in den Zoo, um unserem Freund dem Gorilla Lebewohl zu sagen; er war stark gewachsen und fett und nicht schöner geworden. Aber überrascht war ich von der

Vogelwelt, die fast restlos im neuen Gefieder prangte und am Nisten war, das war ein wirklicher Frühlingsanblick. – Sie haben Recht: Kultur und Civilisation ist etwas ganz Verschiedenes, das letztere ist oft der Feind des ersteren; hier in Berlin W habe ich soviel Civilisation, daß ich ein wahres Verlangen nach der nicht vorhandenen Kultur habe.

Neues gibt es so allerhand, allerdings nichts besonders Überraschendes; Ihren Mann werden sicher die Gesetze zur Regelung der Rohstoffversorgung[127] im Hinblick auf die Gladbach-Rheydter Industrien interessieren. Die Gesetze sind vorgestern beschlossen worden, sie sind aber noch nicht veröffentlicht. – Mit dem Gregorovius[128] haben Sie mir eine große Freude gemacht, er schildert wirklich Natur und Kultur, augenblicklich mache ich einen Ausflug in die Campagna. – Wann werden Sie zurückkommen? Ich hoffe, daß wir uns dann bald einmal sehen und daß Sie dann mit einer großen Zahl wohlgelungener Bilder aufwarten können. Ich beabsichtige an sich, morgen nach M[aria] Laach zu fahren. Aber ich habe plötzlich wieder so mit meinen unglücklichen Zähnen zu schaffen, daß ich noch nicht weiß, ob ich nicht noch einige Tage zusetzen muß. Am Mittwoch kommt Paul nach M[aria] Laach, der dann einige Tage – über Ostern – bei mir bleibt, meine Frau hat jetzt viel zu tun; sie muß auch Lotte zur ersten Kommunion am weißen Sonntag vorbereiten helfen.

Ich weiß nicht, ob ich Ihre Osteradresse erhalten werde, und wünsche Ihnen und Ihrem Manne darum jetzt schon ein frohes Osterfest!

Mit recht herzlichen Grüßen an Sie und Ihren Mann stets Ihr
Konrad Adenauer

[P.S.] Ich kenne Abbildungen von Tempeln auf Sizilien, die ganz wunderbar sind, aber ich meine, die Tour um den Ätna müsste doch das Schönste sein.

Nr. 18

Im November 1934 (ohne Ortsangabe)

Liebe Frau Pferdmenges!

Recht herzlichen Dank für Ihren lieben Brief und seine Nachricht. Er kam am Allerseelentage an, er vertiefte die Gedanken, die an einem solchen Tage so leicht kommen.

Ich freue mich sehr darüber, daß Sie wieder großes Interesse an Ihrem Garten haben, nur muß er – und insbesondere der Rosengarten – durch reichstes Blühen lohnen.

Ich höre viel über die Vorgänge in der evangelischen Kirche; sie und auch das, was sich in der katholischen Kirche ereignet, lassen Hoffnung auf neues religiöses Leben in Deutschland entstehen[129]. Ohne das ist nach meiner Überzeugung kein neuer Aufstieg Deutschlands möglich.

Ich finde, daß sehr vieles in einer Veränderung begriffen ist; vor einem Jahre hätte man das noch nicht für möglich gehalten.

Ich glaube nicht, daß Sie an George[130] Freude haben werden. Ich habe mehrfach ihn zu lesen versucht, aber es ging nicht. Er ist m. E. ein Überästhet, aber er hat sehr wenig von dem, was der Dichter haben muß, wenn er in Wahrheit ein Dichter sein soll, Seele und Gemüt. Es ist etwas Krankhaftes und Manieriertes in ihm, was mich immer abgestoßen hat. – Lesen Sie doch einmal etwas von ihm, und dann sagen Sie mir Ihr Urteil. – Ich lege Ihnen einen Ausschnitt über Rilke[131] bei, er steht m. E. viel höher.

Ihren Mann erwarte ich einstweilen noch zum 15. [ds.], hoffentlich kommt er nur, es ist so wichtig für mich, daß er mit Schlitter[132] spricht. – Es würde so schön sein, wenn Sie auch kommen; so vieles ist zurückgelegt für eine mündliche Aussprache, die ja so selten geworden sind [sic!]. – Am 17.11. spätestens muß ich nach M[aria] L[aach], um am 19. in K[öln] vernommen zu werden[133]. Ich werde sicher einige Tage in M[aria] L[aach] bleiben, da ich wahrscheinlich nochmals an einem späteren Tage in Köln vernommen werden muß. Ich hoffe sehr, daß wir uns dann einmal in M[aria] L[aach] sehen, vielleicht können Sie mich einmal mit nach Honnef nehmen[134].

Meiner Frau und meinen Kindern geht es gut, aber sie leiden an Heimweh. – Mir ging es einige Zeit wieder gar nicht gut. Wenn man in eine andere Form gepresst wird, so ist das eine langwierige und schmerzhafte Prozedur. – Man kann Hülfe gut brauchen. Ich hoffe, daß die Wintersonnenwende neue Kraft und Leben erweckt.

Ich verspare mir viel auf mündlichen Austausch, auf den ich mich sehr freue.

Mit herzlichsten Grüßen stets Ihr

Konrad Adenauer

Nr. 19

Am Donnerstag, dem 20. Dezember 1934 (aus Neubabelsberg)

Liebe Frau Pferdmenges!

Daß ich Ihnen diesmal meine Weihnachtswünsche nur schriftlich ausdrücken kann, bedauere ich sehr, Sie wissen aber, daß Sie so von Herzen kommen, wie die mündlich ausgesprochenen in früheren Jahren. So wünsche ich Ihnen denn, Ihrem Manne und Ihren Kindern ein recht schönes und frohes Fest, auch einige stille Stunden des Alleinseins und der Einkehr zu sich selbst trotz all' der Familienfestlichkeiten, die Ihrer wie jedes Jahr warten werden. Wenn die beiden für Sie bestimmten Bücher, Rom und Sizilien[135], Ihnen eine kleine Freude machen, so würde ich mich glücklich schätzen. Stahl[136], der Rom geschrieben hat, habe ich gekannt – er ist tot – er war ein sehr feinsinniger und gebildeter Mensch. – Ihrem Manne bereitet „Richelieu“[137] hoffentlich etwas Zerstreuung.

Es ist ein eigenartiges Weihnachtsfest, das wir hier begehen werden; man darf nicht zu sehr grübeln über die Umstände, unter denen man es begeht, sondern man muß hoffen, daß das nächste Weihnachtsfest uns irgendwo findet, wo man wieder einigermaßen Wurzeln geschlagen hat. So flüchtet man aus der Gegenwart in die Zukunft und in die Vergangenheit, auch das vorigjährige Fest war so schön, und das ist wirklich vielleicht eines der größten Vorrechte, die Gott dem Menschen gegeben hat, daß er sich auch der Welt, die oft so schwer auf ihm lastet, in seine innere, von ihm selbst gestaltete Welt zurückziehen kann. Doch ich will die Reflexionen lassen, morgen ist Sonnenwende, ein so bedeutungsvoller Tag, und man hat so vieles geschenkt bekommen, daß man mit Mut und mit Hoffnung der Zukunft entgegen sehen kann.

Leider habe ich keine *blühende* Christrose, voriges Jahr brachten Sie eine so wundervolle mit, aber kräftig treibt sie, und sie lässt die kommenden Blüten ahnen. – Wir werden die Christtage ganz unter uns sein. Ich freue mich sehr auf die großen Kinder, von morgen an trifft jeden Tag eines ein; ich hoffe sehr, ihnen etwas sein zu können; ich stehe ihnen jetzt viel näher als früher, man rückt zusammen – ich glaube, man hat aber auch mehr zu bieten als früher.

Ich hätte Ihnen so gern Gedichte geschickt, aber ich habe nichts gefunden, was mir für Sie zugesagt hätte. – Ich habe mancherlei gehört seit Ihrer Abreise; es ist eine ganz neue von Scha.[138] geführte Periode eingetreten. Ich wünsche ihm aus ehrlichem Herzen jeden Erfolg.

Von Weihnachten merkt man hier viel weniger als dort, zumal, wenn man so wenig Verbindung hat, wie wir es haben. – Ich lege sehr viel Unausgesprochenes bei und wünsche Ihnen und den Ihrigen von ganzem Herzen eine recht gnadenreiche Weihnacht.

Mit herzlichsten Grüßen

wie immer Ihr
Konrad Aden.

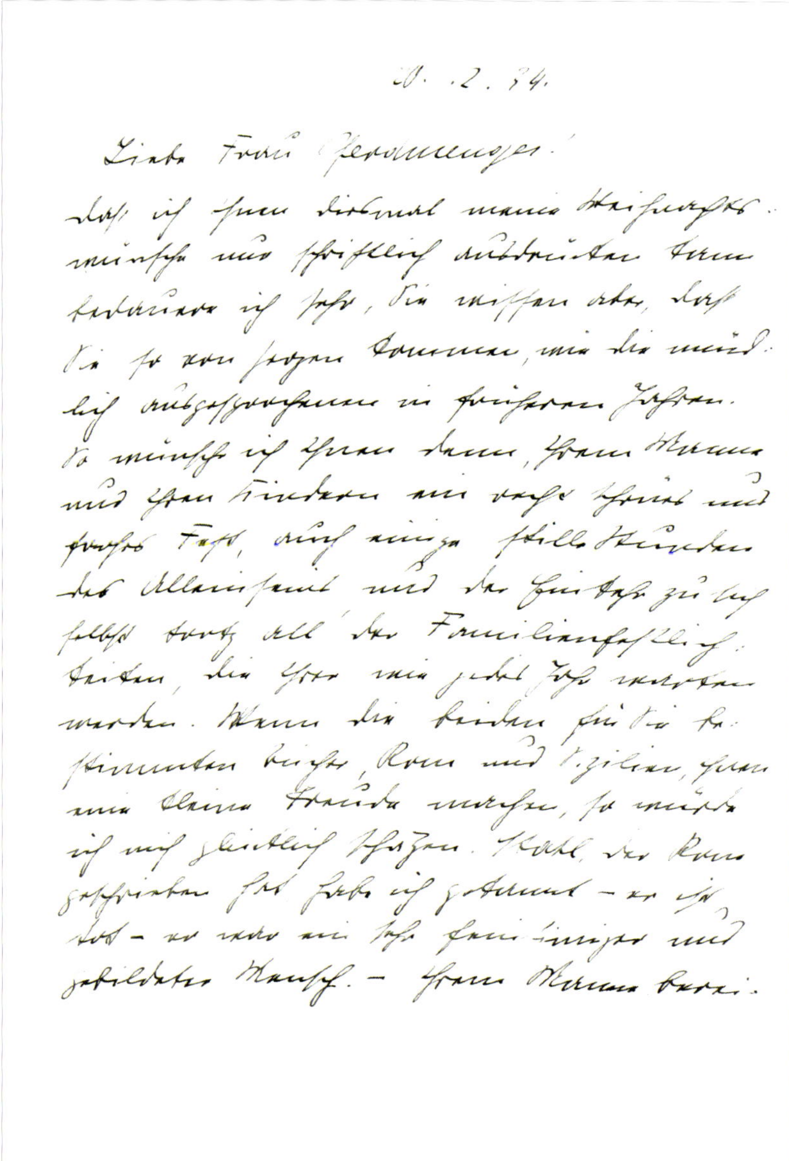

20.12.34.

Liebe Frau [illegible]!

Daß ich Ihnen diesmal meine Weihnachtswünsche nur schriftlich ausdrücken kann bedauere ich sehr, Sie wissen aber, daß sie so von ganzem Herzen, wie sie mündlich ausgesprochen in früheren Jahren. So wünsche ich Ihnen denn, Ihrem Manne und Ihren Kindern ein recht schönes und frohes Fest, auch einige stille Stunden des Alleinseins und der Einkehr zu sich selbst trotz all der Familienfestlichkeiten, die Ihrer wie jedes Jahr warten werden. Wenn die beiden für Sie bestimmten Bücher, Rom und Sizilien, Ihnen eine kleine Freude machen, so würde ich mich glücklich schätzen. Wohl, der Rom geschrieben hat habe ich gekannt – er ist tot – er war ein sehr feinsinniger und gebildeter Mensch. – Ihrem Manne herz-

Zu Nr. 19

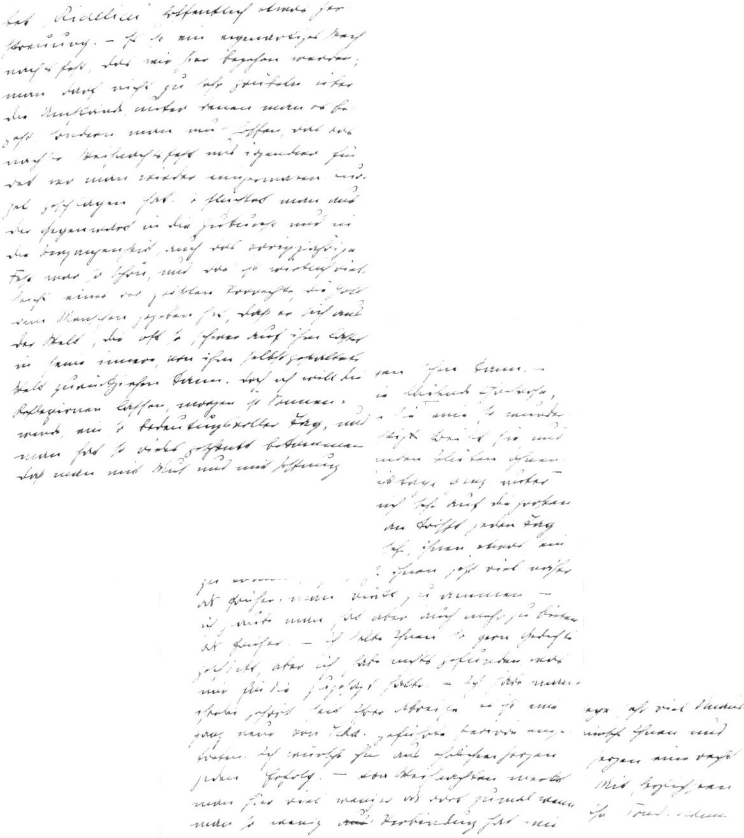

Nr. 20

Am Sonntag, dem 6. Januar 1935[139] *(aus Neubabelsberg)*

Liebe Frau Pferdmenges!

Herzlichst danke ich Ihnen für Ihre lieben Glückwünsche zu meinem Geburtstag. Ich komme mir eigentlich, trotzdem ich mir alle Mühe gebe, noch gar nicht so alt vor – Geheimrat v. Schnitzler[140] und Frau Abegg[141] haben sogar schon zum 60. Geburtstage gratuliert, welch' ein Mut!

An einem Geburtstage denkt man ja gern etwas zurück; wenn ich das tue, bin ich gar nicht so unzufrieden: Es war viel Bewegung in den Jahren, manche Schosse des Lebensbaumes sind stark zurückgeschnitten worden, andere wachsen vielleicht dafür um so kräftiger, vielleicht bekommt dem ganzen Baume das Kappen der Krone nicht schlecht, wenn auf die Aststümpfe neue gute Edelreiser aufgepfropft werden!

Recht bekümmert bin ich um Ihre Erkrankung. Aber ich glaube, es war gut, daß Sie in Gladbach geblieben sind, wahrscheinlich wird die Pflege ja dort besser sein als in Köln, und die Hausfrau hat ja doch, wenn sie zu Hause krank liegt, nicht die richtige Ruhe. Auch scheinen Sie dort einen vernünftigen Arzt zu haben, die Anordnung der 14-tägigen Bettruhe lässt darauf schließen – wenn ich könnte, wie ich wollte, würde ich meiner Frau verordnen, sich 14 Tage bei ihren Eltern in Tübingen ins Bett zu legen.

Ich würde Ihnen so gerne etwas Lektüre senden, in B[aden-]Baden brachten Sie mir ein schönes Buch, aber ich habe gar keine Belletristik hier mit Ausnahme der Bücher von Conrad[142]. Seine Bücher sind zwar alle ernst, aber doch auch wieder so schön, daß ich Ihnen davon etwas schicken werde.

Wenn Sie jetzt in der Ruhe Ihres Zimmers die Ereignisse der

Jahre 1933 und 1934 an sich vorbeiziehen lassen, glaube ich, werden Sie – mit mir – zu einer nicht ungünstigen Prognose für 1935 kommen; das ist natürlich alles relativ, aber es gibt doch Mut und stärkt die Nerven, die ja auch bei Ihnen Stärkung nötig haben.

Konrad ist am Donnerstag nach Stuttgart zurück, er bleibt einstweilen noch dort[143], Ria fährt Dienstag wieder nach Heidelberg[144], Max bleibt noch etwas hier; es wird dann wieder still.

Die Honnefer Pläne entwickeln sich sehr langsam, aber sie entwickeln sich anscheinend doch[145]: Es ist uns ein Haus am Ausgang von Königswinter oberhalb des Bahndammes angeboten, das sehr preiswert ist und vielleicht in Frage kommt; es liegt ruhig, nur die Nähe der Eisenbahn macht mir Sorge.

Es freut mich sehr, wenn „Rom" Ihnen gefällt. Bezüglich George bin ich, wenigstens soweit das Buch in Frage kommt, bekehrt, ich verstehe jetzt auch den Artikel von Rausch[146], den Sie mir s. Zt. schickten.

Ich wünsche Ihnen viel Ruhe und baldige völlige Genesung.

Mit recht herzlichen Grüßen Ihr
Konrad Adenauer

[P.S.] Ich weiß Ihre Adresse in M.Gladbach nicht und adressiere daher nach Köln in der Hoffnung, daß Ihnen alles nachgesandt wird.

[P.S. Gussie Adenauer] Auch ich gedenke Ihrer mit den besten Wünschen für eine baldige Gesundung; wie traurig, daß Sie das neue Jahr so schlecht anfangen müssen, wie wäre es bei Ihnen mit einem Ei mehr pro Tag? Nun kurieren Sie sich aber nur gründlichst aus und stehen nicht zu früh auf; schade, daß ich Ihnen nicht einen kleinen Besuch am Bett machen kann.

Hier setzt jetzt starke Kälte ein, und man muß sich tüchtig vor einem scharfen Wind hüten. Aber alle sind gesund, und das Zukunftspläne machen macht Freude; ob wir wohl 1935 einander wieder etwas näher rücken? Nun wünschen wir Ihnen recht viel Geduld und Ausdauer im Bett und freuen uns, bald bessere Nachricht von Ihnen zu bekommen.

Recht herzliche Grüße, liebe Frau Pferdmenges, von
Ihrer Gussie Adenauer

Nr. 21

Am Donnerstag, dem 9. Mai 1935 (ohne Ortsangabe[147])

Liebe Frau Pferdmenges!

Das Auto ist jetzt, wie ich hoffe, dort, so daß Sie die Schönheiten B[aden] B[adens] jetzt ganz genießen können. Der ergrünende Wald auf den Höhen, die Sie hoffentlich recht oft aufsuchen, ist doch herrlich. Im Geiste begleite ich Sie bei dem morgendlichen Gang durch den Garten. Ich hoffe, daß auch keine ungünstigen Nachrichten vom Befinden Ihrer Schwägerin Ihre und Ihrer Eltern Ruhe stören. Wenn Sie zurückkommen, dürfen Sie nicht mehr Rekonvaleszent sein, sondern nur noch etwas schonungsbedürftig. Dann kommen Sie recht bald zum Siebengebirge, dessen verborgene Schönheiten ich Ihnen so gerne zeigen werde.

Meiner Frau und den Kindern geht es recht gut. Bei mir kommen immer noch Rückfälle. Es ist so schwer, sich damit abfinden zu müssen, daß man nicht mehr schaffen kann. Sicher ist eine gute Portion Stolz dabei. Man muß halt immer wieder versuchen, den inneren Ausgleich zu finden. – Daß die Wärme siegreich bleiben wird, ist ein so tröstlicher Gedanke, der immer wieder Kraft und Stärke gibt. Auf alles das antworten Sie mir bitte mündlich, wie ich hoffe, bald.

Die Natur ist herrlich, und wir sind wirklich eingebettet in sie, man fühlt sich als ein Teil von ihr.

Recht herzliche Grüße wie immer

Ihr
Konrad A.

Die Familie Adenauer bewohnt von April 1935 bis Dezember 1937 in Rhöndorf das Haus Löwenburgstr. 76

Nr. 22

Am Sonntag, dem 30. Juni 1935 (aus Rhöndorf)

Liebe Frau Pferdmenges!

Herzlichen Dank für Ihren lieben Brief. Das Büchlein[148] habe ich nicht gesandt, um Propaganda für die Orden zu machen. Es sind natürlich auch Menschen darin. Aber ich fand, daß so vieles aus den Worten sprach, was mit Konfession gar nichts zu tun hat, und vor allem: das, was darin zum Ausdruck kam, habe ich an vielen, vielen stillen Abenden, an die ich so gern zurückdenke, selbst gefühlt und erlebt.

Heute ist ein wunderbarer Tag, bei uns angenehm, am Rhein sehr heiß. Hoffentlich haben Sie es in Gladbach etwas erholend. Übrigens bin ich heute vor einem Jahre verhaftet worden, und wenn Sie am Dienstag Morgen kommen, kommen Sie zur Jahresfeier der kritischsten Stunde[149]. Ich freue mich sehr, wenn Sie am Dienstag kommen, die Linden und die Reben sind die letzten großen Duftspender des Jahres! Ihre Ansicht über meinem Garten ist mir sehr wertvoll; denn ich muß mir einen Plan für das nächste Jahr machen. Kommen Sie bitte recht früh, dann ist die Natur am schönsten. Meine Frau kommt erst Ende der Woche[150]; ich freue mich, wenn sie sich in Tübingen körperlich und geistig ausspannt.

Herzlichste Grüße

Ihr
Konrad A.

Nr. 23

Am Freitag, dem 23. August 1935 (aus Maria Laach)

Liebe Frau Pferdmenges!

Seit einiger Zeit habe ich nichts von Ihnen gehört. Ich hoffe aber, daß das kein schlechtes Zeichen ist, sondern daß es Ihnen gut geht, wenngleich Sie sehr in Anspruch genommen sein werden – hoffentlich nicht zu sehr[151]. Heute sind Sie schon drei Wochen dort, und Sie werden schon an den Aufbruch denken, da Sie sicher vor Schulanfang in Köln sein wollen.

Ich schrieb Ihnen am 15.8., hoffentlich haben Sie den Brief erhalten[152], ich würde wohl am 20. für einige Zeit hierhin gehen. Ich bin seit dem 20.8. hier, aber leider nicht ganz freiwillig[153]. Am 14.8. wurde mir eine Verfügung der Regierung in Köln zugestellt, daß ich „zur Aufrechterhaltung der öffentlichen Ruhe, Ordnung und Sicherheit den Regierungsbezirk Köln bis zum 20.8. zu verlassen habe und fürderhin nicht mehr betreten dürfe". Der Polizei ist aufgetragen worden, zu sorgen, daß meine Abreise „unauffällig" erfolge. Ein Grund zu der Maßnahme ist mir nicht angegeben worden, ich bin auf Mutmaßungen angewiesen. Ich nehme an, daß der äußere Anlaß das „Fähndelschwenken" gewesen ist, das vor Wochen bei der Rhöndorfer Kirmes vor meinem Hause stattgefunden hat. Der Junggesellen-Verein macht das jedes Jahr vor 10-14 Häusern, er bekommt dort einen Beitrag und ein Glas Wein. So auch bei mir. Wochenlang hat zunächst eine Untersuchung gegen die Vereinsmitglieder geschwebt, sie ist aber dann eingestellt worden, und nun bin ich das Opfer.

Die Maßnahme hat mich schwer getroffen, und ich war Tage lang sehr verbittert – deswegen schrieb ich Ihnen auch nicht früher –. So gerne ich hier bin, unter diesen Umständen war es mir sehr hart, nach hier zu gehen. Ich hatte gerade angefangen, in Rhöndorf etwas Wurzel zu schlagen und etwas Heimatgefühl zu empfinden – nun werde ich wieder vertrieben. Und so sinnlos! Ich versuche festzustellen, woher es kommt, was der Grund ist, was man machen kann. Mit einigen Monaten Verbannung will ich mich ja schon abfinden, aber auf ungewisse Zeit! – Was ich des weitern machen werde, weiß ich noch nicht. Einige Wochen bleibe ich hier, auf längere Zeit geht es aber nicht. – Es ist alles sehr schwer, und nur langsam bringt die Atmosphäre dieses Ortes etwas Frieden. –

Herzlichste Grüße wie immer

Ihr
Konrad A.

[P.S.] Es tut mir sehr leid, daß ich Ihnen diese Mitteilung machen muß. – Werden Sie mich hier besuchen können?

Auf den Seiten 113f.: Benediktiner-Abtei Maria Laach, Gesamtansicht; die folgenden Aufnahmen zeigen den Weg durch die Klostergänge zur Kirche, wo Adenauer von der Orgelempore aus an der Messe teilnahm.

Abtei Maria Laach

Nr. 24

ohne Datum; Einzelblatt nach dem Schreiben aus Maria Laach vom 23. August 1935

<...> und des Liturgischen Lebens, wie das M[aria] Laach in ausgezeichneter Weise tut[154]. Ich habe das früher nicht verstanden, vielleicht geringschätzig darüber gedacht und geglaubt, daß manche andere Dinge, auch politische Dinge, wichtiger seien. Ich habe die Unrichtigkeit meiner Meinung eingesehen: ohne die richtige, lebendige seelische Haltung wird alles andere nicht richtig; nichts ist aber so sehr geeignet, auf die seelische Haltung einzuwirken als die richtig verstandene Pflege des Liturgischen Gedankens, der <...>

<...> Deutschland seit langer, langer Zeit zuviel Wert auf das „protestantische, gegen Rom Protestierende“ und zu wenig Wert auf das „Evangelische“ gelegt habe. Man kann nicht vom Negativen leben – jedes Protestieren ist etwas Negatives –, sondern nur vom Positiven, das ist das Evangelium. Dabei hat man zuviel zunächst noch mit herüber genommenes Katholische, das an die Sinne appelliert, abgestreift und sich so das Volk entfremdet. <...> denke, beide Kirchen lernen aus diese[r] <...>

Nr. 25

Am Freitag, dem 18. Oktober 1935 (aus Freudenstadt[155])

Liebe Frau Pferdmenges!

Um einen Brief nach hier hatte ich gar nicht mehr zu bitten gewagt, weil ich weiß, daß den von einer Reise Zurückkehrenden so mancherlei überfällt, und nun sind es Dank der vergessenen Herbstzeitlose sogar zwei geworden: Herzlichsten Dank für die Freude! – Zu hören, daß es Ihnen gut geht – nächstens bitte auch ohne besondere Anfrage –, hat mich vor allem gefreut, ich denke noch immer mit Schrecken an Ihren vergangenen Winter.

Über die Zahnsache müssen wir einmal sprechen, ich bin ja erfahrener Praktiker, gewöhnlich ist doch etwas nicht in Ordnung. Das „viele Arbeiten" wird mich nie vom Schreiben abhalten, ich kann das nicht unwidersprochen lassen; ich wollte an Sie nicht gerne ins Ausland schreiben, wo ich Sie noch wähnte, weil ja alle Post durchgesehen wird.

Wir haben sehr viel Stoff für ein demnächstiges langes Gespräch: Beruf und Aufgabe, Faust, Goethe[156], ev[angelischer] Kirchenstreit – was Sie zu der neuesten Entwicklung sagen –, Außenpolitik, Wirtschaft, „Schädlingsbekämpfung"[157], Garten und noch einige andere Dinge; Sie sehen, es reicht für einen sehr langen Spaziergang. Stacheln sollen zurückgelegt bleiben, beiderseits, wir werden uns schon in allem verständigen – nötigenfalls gebe ich nach –. Den Artikel Herder-Goethe[158] habe ich Ihnen nur geschickt, um Sie ein klein wenig zu reizen, das scheint mir auch gelungen zu sein. Aber über Faust und Goethe überhaupt möchte ich doch ein vorbereitendes und nicht irgendwie endgültiges Wort sagen. Bei Faust denke ich nur an den 2. Teil, und ich möchte mich mit Ihnen über seinen tiefsten Sinn unterhalten. Über die wundervolle Schönheit der Sprache, die Fülle der – einzelnen – Gedanken und Bilder brauchen wir nicht zu sprechen, wir werden darin einer Meinung sein. Was ich über Goethe sagen will, möchte ich in Folgendem anzudeuten versuchen: Wenn G. tiefstes Leid erfahren hätte, wieviel Mehr noch hätte er der Menschheit gegeben! Und ich will Ihnen noch zwei Namen nennen; dann stellen Sie in Gedanken das Werk dieser drei nebeneinander: Goethe, Beethoven, Rembrandt.

Die kleine Kirche in München kenne ich: entzückend, aber als kirchlicher Raum weiß ich nichts damit anzufangen. Münchener Bier trinke ich übrigens in München auch gern; ich war ein Jahr dort, ich würde gerne einmal mit Ihnen da sein. Lesen Sie bitte Stufen des Lebens von Fritz Schumacher[159]. Er schreibt sehr interessant über München. Das Buch ist überhaupt eine höchst interessante Kunstgeschichte der letzten Jahrzehnte, das Kapitel „Köln" lesen Sie bitte auch. Ich darf Ihnen das Buch nicht leihen, es würde zu anmaßend aussehen; ich möchte aber anmaßend sein und wünsche sehr, Sie besäßen es. – Heinz bekommt wirklich eine ausgezeichnete Ausbildung, was machen Sie demnächst mit Ilse[160]?

Das wichtigste Moment der Außenpolitik scheint mir zu sein, daß England eine ganz grundlegende Änderung in seiner Haltung gegen Deutschland, die seit 1918 immer die selbe war, eingenommen hat, wie ich befürchte. Was wir jetzt erleben, ist der erste Akt. Wenn, sobald England fertig aufgerüstet hat, keine gewaltsamen Handlungen kommen, wird eine gewaltsame Abrüstung kommen. Denn in wenigen Jahren ist das, was jetzt hergestellt wird, veraltet, und die Völker sind nicht in der Lage, dann noch einmal aufzurüsten.

Was meinen Garten in Köln angeht, so habe ich eine Bitte, die ich immer für den Augenblick, der vielleicht jetzt kommt, zurückgestellt habe: ich habe mancherlei schöne Sachen, für die nicht jeder Verständnis hat und die mir Freude gemacht haben; nehmen Sie diese bitte in Ihren Garten – sie sind nicht käuflich, das steht fest –, und wenn ich noch einmal einen Garten bekommen sollte, darf ich mir die eine oder die andere Pflanze wiedererbitten. Wenn Sie meinen Vorschlag annehmen, erleichtern Sie mir den Abschied von diesem Garten – er ist sehr schwer –; wenn Sie darauf beharren würden, „kaufen" zu wollen, würden Sie mir weh tun. – Ich lege ein Verzeichnis der Pflanzen, die m. E. in Frage kommen, bei oder schicke es nach[161]. Ich werde dem dort wohnenden Gärtner Weber Bescheid sagen, holen Sie dann bitte die Sachen im November. Ich werde dem Gärtner aufschreiben, daß einige landläufige Sachen nach Rhöndorf sollen.

Das „Baby", von dem man auch in Rhöndorf erzählte, ist eine „Ente", die seit 2 Jahren durch die Gegend fliegt. – Ihr Gang zum Gürzenichkonzert hat manche Bilder vergangener Konzerte in mir hervorgerufen. Ich freue mich für Sie, daß es schön dort war; auch ich sehne mich danach, gute Musik zu hören. Sie hat mir vorigen Winter, wenn auch durch Radio, über manches Schwere hinweg geholfen; diesen Winter werde ich wohl ganz darauf verzichten müssen.

Ich habe hier mit meinem sehr primitiven Gerät – bei dessen Gebrauch man vorsichtig sein muß, ich weiß es – zahlreiche Versuche mit Schmeißfliegen, Bienen, großen Spinnen, Raupen, Ameiseneiern gemacht[162]. Es handelte sich in der Hauptsache darum festzustellen, ob „Chitin" leitet. Die Insekten haben nicht wie die Wirbeltiere ein inneres Knochengerüst, das ihnen Halt gibt, sondern sie sind äußerlich am ganzen Körper oder an einzelnen Teilen mit einem besonderen, harten Stoff „Chitin" umgeben, der ihnen den notwendigen Halt gibt – die Menschen gehören demnach in der Regel nicht zu den Wirbeltieren, sondern zu den Insekten –. Ich habe festgestellt, das Chitin leitet, Horn und Menschenhaare leiten z. Bsp. nicht, die aus Chitin bestehenden Haare der Insekten, wie ich festgestellt habe, aber wohl. Diese Feststellungen waren für meine Idee sehr wichtig; theoretisch halte ich jetzt die Sache für ziemlich sicher, wie es in der Praxis sein wird, müssen die Versuche im Garten zeigen. Die Sache hat natürlich nur Aussicht, wenn sie besser ist als die jetzigen Methoden. Sie sind, wie ich aus dem Briefe merkte, mit dem Sie das Exposé zurückschickten, m. E. etwas zu skeptisch. – Zu der ganzen Durchführung gehören biologische, elektrische und botanische Kenntnisse. Da ich von dem allem nur sehr wenig verstehe, keine große Bibliothek und keine Fachleute zur Verfügung habe, macht mir das Durchdenken und Probieren sehr viel Arbeit. Tatsächlich scheinen übrigens fast alle die für mich wichtigen Fragen noch nicht bearbeitet zu sein.

Am Montag, dem 23., gehe ich von hier fort. So schlecht das Wetter war und noch ist, ich habe mich im letzten Drittel erholt, das Haus ist sehr gut, fast neu, die Schwestern sorgen rührend, sind dabei von musterhafter Zurückhaltung, so daß man ganz unbelästigt ist. – Wenn ich kann, gehe ich Januar – Februar einige Wochen hier hin, dann soll Schnee und Sonne, aber kein Wintersport, darum sehr still, hier sein. Die guten Schwestern wollten mich für ein „sehr mäßiges Entgeld" den ganzen Winter über hier halten.

Noch ehe ich den Brief abschließe, kommt die Nachricht, daß die Baustelle verkauft ist[163]. Ich bitte Sie aus sehr triftigen Gründen, das ganz für sich zu halten. Jetzt ist also Schluß mit Max Bruchstr.!

Der Herr, bei dem Sie morgen zu Gast sind und der 13 Millionen in die Sache gesteckt hat, bereut trotz unlängst erfolgter Aussöhnung, seine Frau ist sehr unglücklich[164]. – Die Herbstzeitlose hatte ich vermisst, sie kam dann in Papier. Ich finde den Namen schön, indem ich ihn mir auf meine Weise erkläre. Ich lege ein Blümchen bei, das an den kommenden Frühling erinnert.

Ich gehe von hier 2 Tage nach Tübingen und fahre von dort am 26.10. nach Unkel am Rhein „Pax Erholungsheim", Telefonamt Honnef, dort schlage ich nur bis auf Weiteres mein Zelt auf[165]. – Es wird mich sehr freuen, Sie bald zu sehen.

Mit herzlichsten Grüßen

stets Ihr
Konrad A.

Blick auf Unkel am Rhein und das Pax-Erholungsheim

Nr. 26

ohne Datum; Einzelblatt „I“ nach dem Schreiben aus Freudenstadt vom 18. Oktober 1935

<...> es ist unfaßbar schön, und manchmal ergreift einen das Gefühl von der Schönheit und Größe der Natur, das Gefühl der Einheit mit ihr so wie zuweilen im Hochgebirge!

Ich lege Ihnen einen sehr schönen Artikel über Goethe bei[166]. Ich finde, daß sich die dort entwickelten Gedanken nicht nur sehr gut mit dem christlichen Glauben vertragen, ja daß sie christlich sind. Ich verstehe nicht recht, daß überhaupt eine Anschauung, die sich christlich nennt, jemals die Natur verketzern könnte! Auch die Lehre von der Sünde und von der Erlösung braucht uns nicht zu bedrücken. Daß das Böse und die Sünde reale Wirklichkeit sind, wir haben es doch wohl alle an uns selbst erfahren, und wir sehen es täglich. Aber das braucht uns nicht Freude und Harmonie zu nehmen; denn wir sind ja erlöst, und es liegt uns nur noch ob, nach Kräften dem Bösen in uns und außer uns zu widerstehen.

Ich freue mich sehr, Sie bald zu sehen, und bin
mit herzlichsten Grüßen wie immer Ihr Konrad A.

I

es ist unfaßbar schön, und manchmal ergreift
einen das Gefühl von der Schönheit und Größe
der Natur, das Gefühl der Einheit mit ihr so
wie zuweilen im Hochgebirge! –
Ich lege Ihnen meinen sehr kleinen Artikel über
Goethe bei. Ich finde, daß sich die dort entwickel-
ten Gedanken nicht nur sehr gut mit dem christ-
lichen Glauben vertragen, ja daß sie christlich
sind. Ich verstehe nicht recht, daß überhaupt eine
Auffassung, die sich christlich nennt, gerade die
Natur verketzern könnte! Auch die Lehre von
der Sünde und von der Erlösung braucht uns
nicht zu bedeuten: daß das Böse und die Sün-
de reale Wirklichkeiten sind, wir haben es doch
wohl alle an uns selbst erfahren, und wir sehen
es täglich. Aber das braucht uns nicht Freude
und Harmonie zu nehmen: denn wir sind
ja erlöst, und es liegt uns nur noch ob, mit
Kräften dem Bösen in uns und außer
uns zu widerstehen. – Ich freue mich sehr,
Sie bald zu sehen, und bin mit herzlichsten
Grüßen wie immer Ihr Gerd. Ch

Nr. 27

ohne Datum; Einzelblatt nach dem Schreiben aus Freudenstadt vom 18. Oktober 1935

<...> Es ist gut, daß der „Preller“[167] dies Schicksal gehabt hat; es war verdient, und er hätte es sich selbst sagen können. – Unsere Unterredung und unser Spaziergang waren zeitlich viel, viel zu kurz; aber der Sonnenschein, der Blick in die Weite und Tiefe waren herrlich. Auch ich liebe die Herbstsonne so mit ihrer strahlenden Pracht, ihrem tiefen Glanz, ihrer köstlichen Wärme; sie ist so klar, so gefestigt, daß selbst Stürme ihren Glanz erhöhen und strahlender machen! Und dann bereitet sie doch alles vor, was sich später an Blütenpracht entfaltet!

Die Blumenzwiebeln können erst Ende Oktober in [Deutsch]-land herein. – Nun reisen Sie gut – wenn die äußere Politik Ihnen einen Strich dadurch macht, kommen Sie vielleicht auch zum Schwarzwald – und hoffentlich auf Wiedersehen in nicht zu ferner Zeit.

Herzlichste Grüße Ihr Konrad A.

[P.S.] Grüßen Sie Ihren Mann.
Vielen Dank für <...>, sie sind sicher besonders gut.

Nr. 28
ohne Datum; Einzelblatt nach dem Schreiben aus Freudenstadt vom 18. Oktober 1935[168]

<...> Wenn Sie am Mittwoch nach hier kommen, sollen Sie hier einige ausruhende Stunden verbringen. Es wäre sehr schön, wenn Sie morgens kommen könnten, die Morgen sind soviel schöner als die kurzen Nachmittage, und morgens ist man auch ungestörter. Das Erholungsheim liegt am Rhein in der Nähe der Kirche, die Kirchstraße führt von der Hauptstraße des Ortes aus dort hin. Um Unkel selbst führt jetzt eine Umgehungsstraße, dort wo sie vor dem Orte ansetzt, folgt man der alten Straße, die durch eine Eisenbahnunterführung nach dem Orte geht. Die Kirchstraße führt von dem <...>

<...> Aus dem Fenster meines Arbeitszimmers schaue ich unmittelbar auf den Rhein, dieses ununterbrochene, durch nichts aufzuhaltende, schnelle Strömen des Wassers, immer, immer, hat, namentlich jetzt bei diesem Wasserstande, fast etwas Erregendes und Erschreckendes an sich. – Die Morgen sind herrlich. Ich gehe jeden Morgen ehe die Sonne da ist – sie geht ja spät auf – eine Stunde am Rande des Stromes spazieren: diese Stille, diese Weite, diese gewaltige Kraft, diese Atmosphäre, dann kommt das Licht, die Sonne, Farbe und Licht, die Wälder sind getaucht in Farbe, der Strom wird gold und silber, die Glocken tönen, die Reiher – ich sehe fast jeden Morgen drei – schweben über das Wasser.

Nr. 29

Am Montag, dem 30. Dezember 1935 (aus Unkel)[169]

Liebe Frau Pferdmenges!

Ihr l[ieber] Brief vom 28. war eine „Wohltat": er kam gestern früh, und der erste Tag nach der Rückkehr ins Exil[170] lässt einen das Schmerzliche und Demütigende der Lage so recht wieder fühlen. Ihr Brief tat da so besonders wohl! – Ich habe Ihnen überhaupt so viel Dank zu sagen. Die *Christrose* begrüßte mich bei meiner Rückkehr mit strahlend-weißen Blütensternen – ihre Strahlen schließen immer seelische Gefilde auf –, und was haben Sie uns alle „als Christkind" verwöhnt! – Sie wissen immer so gut zu schenken, daß ich gerührt und beschämt zugleich bin. Der Teller ist so schön, der hinzugegebene Vers, der Zusammenhang mit seinem Gegenstück füllen ihn mit unsichtbarer Speise. Für jeden einzelnen haben Sie so gut ausgesucht, daß wir alle Ihre so in das Einzelne gehende Fürsorge so warm und dankbar empfunden haben! – Die „Grenzen", um deren Innehaltung ich bat, haben Sie in so zarter Weise bei Seite geschoben, daß ich mir mit dieser Bitte recht dumm vorkomme – wie manchmal.

Daß Sie schöne und – hoffentlich jetzt wenigstens – ruhige Tage verleben, freut mich so sehr. Ich glaube, Ihre Ilse zu beschenken, lohnt sich, sie kann sich so freuen! Heinz wird in dem Wunderland Californien so viel erleben, daß er sicher kein Heimweh bekommt.

Wir haben auch trotz allem ein schönes Weihnachtsfest gefeiert; ich fand zwar leider Lotte recht angegriffen, sie hat eine böse Halsinfektion anscheinend gehabt, und sie ist noch gar nicht wiederhergestellt, und alle die Menschen in dem kleinen Hause ist nicht ganz leicht, aber wir waren alle recht einträchtig zusammen und haben uns des Beisammenseins erfreut. Und dann ist ja doch Weihnachten ein so trostvolles und fröhliches kirchliches Fest: Daß Gott zu den Menschen gekommen ist, um ihnen zu zeigen, wie man das menschliche Leben leben muß, daß Er Mensch geworden ist, damit wir in unsern Sinnen verhaftete Geschöpfe durch die uns faßbare Gestalt des Menschen uns Ihm, dem nicht zu Fassenden, nähern können: das ist doch so beglückend! – „Gnade und Persönlichkeit“ haben Sie so ausgezeichnet formuliert – ich habe schon oft gestaunt, wie Sie einen Gedanken in Worte fassen können –, ich stimme ganz mit Ihnen überein.

Die von Ihnen angeführten Gedichte Rilkes[171] sind ganz wunderbar schön. Ich habe ziemlich viel in dem Buch gelesen, aber ich traute mir nicht genügend Urteil zu, beim ersten Lesen richtig anzustreichen, ich werde es beim zweiten tun. – Am 24. vormittags holte mich ein Bekannter aus Bonn[172] mit seinem Wagen ab, nachdem er in Rhöndorf meine Frau abgeholt hatte – nein, meine Frau war vorher mit dem Zuge gekommen –; wir haben dann die schon hierhin verfrachteten Weihnachtsgeschenke für die Kinder wieder verfrachtet. Wir haben in den Tagen auch einige schöne Spaziergänge gemacht; das Siebengebirge ist doch wahrhaft schön! – Am Samstag Abend sind wir im gleichen Wagen – meine Frau und die erwachsenen Kinder fuhren mit – wieder hierhin zurückgefahren.

Gestern war ein herrlicher Sonnenuntergang, ganz unbeschreiblich schön: der Strom, die Berge, die Wolken, der Himmel! Wenn man bedenkt, daß sich alle diese nach physikalischen Gesetzen erfolgenden Vorgänge des Lichts durch unser Auge und unsern Geist zu diesen wundervollen Bildern formen: Dann hat man doch einen so faßbaren Beweis von Einem, der hinter alledem steht und der uns einen Blick in Sein Reich tun lässt durch die seelischen Fähigkeiten, die er uns gegeben hat, daß man niemals mehr kleinmütig sein sollte. – Mit dem festen Vorsatz gehe ich auch in das Jahr 1936 hinein. – Ich wünsche mir nicht viel – Sie werden alles wissen, und vielleicht ist es doch sehr viel –, und Ihnen und den Ihrigen wünsche ich so recht von Herzen alles, alles Gute.

Was hat das Jahr 1935 gebracht? Manch' schweren Tag, manche Hoffnung hat sich nicht erfüllt, aber es hat doch auch manches so unendlich Wertvolle gebracht und gefestigt und weiter entwickelt, daß ich voll Dank auf es zurückschaue.

Sie haben schon recht gehabt: ich werde zunächst noch nicht verreisen, die Herren, die ich in Berlin, wohin ich am 3. oder 4.1. wollte, sprechen wollte, sind verreist, hier beginnen am 7.1. die Vergleichsverhandlungen zwischen meinem Anwalt und der Stadt[173]; es wird gut sein, wenn ich mit meinem Anwalt das Ergebnis des ersten Verhandlungstages noch bespreche. – Ich werde daher am 5.1. im Auto des Bekannten aus Bonn, der aber nicht weiß, warum, mit meiner Frau und Max eine Autotour an die Mosel machen und Nachmittags in M[aria] Laach sein, die aber auch nicht wissen, warum ich gerade an dem Tage dorthin gehe[174]. Wenn Sie nun in den Tagen danach mich besuchen würden, so würde mir das die größte Freude sein.

Sylvester sind meine Frau und meine Kinder hier, Paul übernachtet hier und leistet mir Neujahrsmorgen beim Frühstück Gesellschaft. Sie sehen: ich bin versorgt.

Und nun wollen wir, Dank in der Seele für 1935, voll Mut und Tapferkeit in das Jahr 1936 hineingehen! Herzlichst stets Ihr

Kon. A.

[P.S.] Wie geht es *Ihnen*? – Im Siebengebirge wuchsen schon die Frühjahrsblumen!

Blick in den verschneiten Garten der Abtei Maria Laach

Nr. 30

Am Dienstag, dem 13. April 1937 (aus Rhöndorf)

Liebe Frau Pferdmenges!

Sie zeigten am Freitag Interesse für das Buch „Soldat und Mönch"[175]. Ich sende es anbei zum Durchblättern und um hier und da ein Kapitel zu lesen (es soll aber ja kein Bekehrungsbuch sein!).

Paul mussten gestern ziemlich plötzlich, da sich eine unangenehme Drüsengeschichte zeigte, die Mandeln entfernt werden; er ist im Herz Jesu Krankenhaus in Bonn, meine Frau ist bei ihm, Donnerstag kommen sie zurück. – Schorsch ist heute zum ersten Male in die Schule. – Ich habe „Baufreuden", d. h. Schwierigkeiten sind noch nicht da, aber es ist mir etwas lästig.

Morgen ist – vielleicht – ein wichtiger Tag für mich; ein Techniker von Rang kommt zu mir und prüft meine Gedankengänge. Ich muß alles gut dazu vorbereiten. – Es sind schöne Tage jetzt, es beginnt überall zu blühen, sogar der [Wald] wird schon lebendig, der Sauerklee blüht schon – ich lege etwas bei, damit Sie sehen, daß der Wald ruft. – Am Donnerstag muß ich kurz nach Köln zu einem Gottesdienst für meinen Bruder[176].

Wie herrlich war es am Freitag bei Ihnen[177], wie wundervoll blühte der Garten.

Mit herzlichsten Grüßen

stets Ihr
Konrad A.

Nr. 31

Am Dienstag, dem 2. November 1937 (aus Rhöndorf)

Liebe Frau Pferdmenges!

Die kleineren und dickeren, aber bunteren Platten sind von der Berg. Märk. Steinindustrie Gummersbach *Grube Alperbrück*. Ich glaube, daß sich für Ihren Zweck die anderen, größeren und dünneren, wenn auch nicht so bunten Platten aus dem Pleistal, einem Seitental des Broltals, besser eignen. Ich schicke Ihnen die genaue Adresse bestimmt morgen. Ihr Lob des Hauses und des Grundstücks hat mich um so mehr gefreut, als sie ja vorher Ihre Bedenken auch offen ausgesprochen haben. Ich hoffe sehr, daß auch der Garten, an dem Sie ja zu meiner – eben kam Ihr telefonischer Anruf – sehr großen Freude mitarbeiten werden, gut geht[178].

Schade, daß Freitag ausfällt. Ich freue mich sehr auf Montag oder Dienstag und werde dann um allerlei bitten.

Mit herzlichsten Grüßen stets Ihr

Konrad A.

Nr. 32

Am Mittwoch, dem 3. November 1937 (aus Rhöndorf)

Liebe Frau Pferdmenges!

Die großen dünneren Platten werden geliefert von Jos. Bergfelder, Hausermühle, Post Selscheid. Er bringt die Platten, die nach dem qm bezahlt werden, im Lastauto.

Herzlich danke ich Ihnen für Ihren Vorschlag Rheinisches Museum. Ich weiß den Vorschlag sehr zu würdigen. Aber ich glaube, es ist besser, wenn ich zunächst noch nicht dorthin gehe.

Am Montag, dem 8.11., kommen meine Frau und ich, wie ich Ihnen telefonisch sagte, nach Köln, um allerhand zu erledigen. Abends fahre ich nach hier zurück, während meine Frau in Köln bleiben will, da Dienstag in der Max-Bruchstraße noch gepackt wird.

Nun möchte ich gerne Ihren Garten in aller Ruhe am Tage sehen, aber auch Ihren Mann in Ruhe wegen Geldanlage sprechen, da die Situation so unklar ist. Bitte machen Sie Vorschläge, wie sich das am besten einrichten lässt. Vormittags und mittags (zu Tisch) sind wir in Anspruch genommen.

Mit vielem Dank und recht herzlichen Grüßen, auch an Ihren Mann, wie immer

Ihr

Konrad A.

[P.S.] Meine Frau lässt vielmals grüßen. Remagen ist benachrichtigt wegen Frau Seligmann[179].

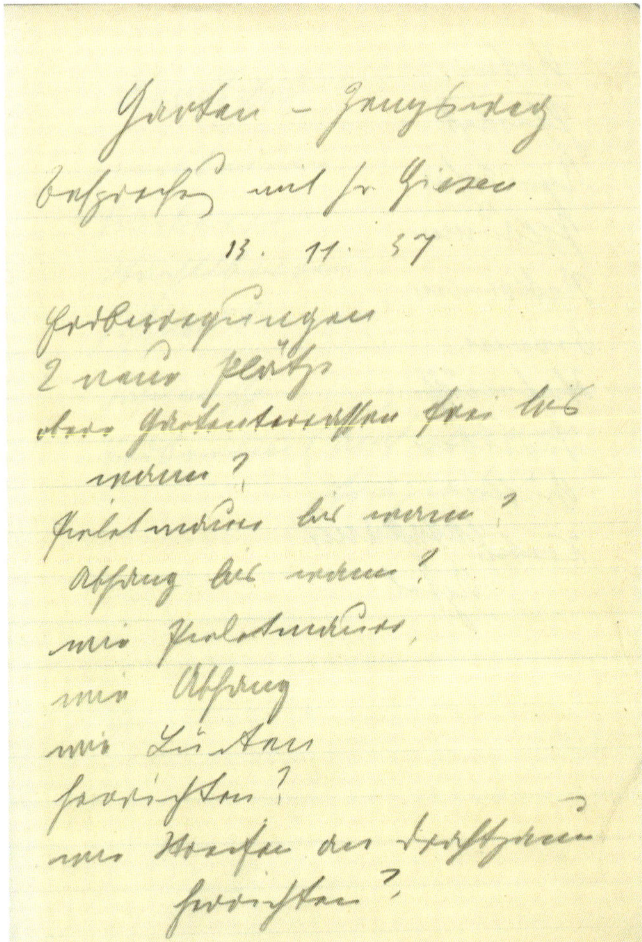

Aus dem Gartenbuch Adenauers: „Erdbewegungen / 2 neue Plätze / obere Gartenterrasse frei bis wann? / Pirletmauer bis wann? / Abhang bis wann? / wie Pirletmauer, / wie Abhang / wie Lücken herreichten? / wie Streifen am Drahtzaun herrichten?“

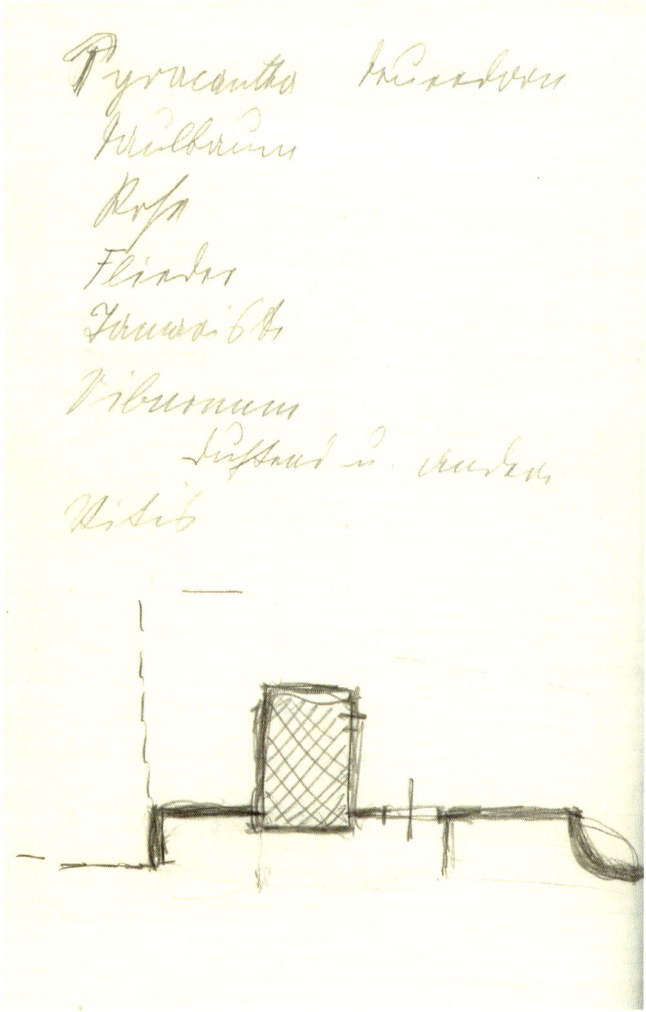

„Pyacantha Feuerdorn / Faulbaum / Rose / Flieder / Tamariske / Viburnum duftend / u[nd] andere / Vitis"

Nr. 34

Am Montag, dem 20. Dezember 1937 (aus Rhöndorf)

Liebe Frau Pferdmenges!

Ich bin sehr erfreut, daß ich Ihnen die Cathedralen schenken darf; es sind wunderbare Abbildungen darin, an denen Sie große Freude haben werden (wie ich hoffe). Das Buch über Haig[184], von dem ich Ihnen sprach, erwies sich bei Durchsicht doch nicht als das Richtige; ich habe die Memoiren von Caulaincourt[185] genommen, die unlängst in der [Frankfurter Zeitung] besonders günstig besprochen wurden. Ich kann das Buch jederzeit umtauschen. Es ist schade, daß man vor Weihnachten so sehr von allen möglichen Dingen in Anspruch genommen ist. Aber man findet doch und namentlich am frühen Morgen Stunden vertieften Gedenkens. (Welch ein Segen, daß die Gedanken des Menschen nicht an Raum und Zeit gebunden sind.)

Morgen ist Wintersonnenwende! Das Licht steigt empor! Welche Parallelen zum menschlichen Leben, in dem ja auch einmal eine Zeitenwende, eine Scheidung zwischen Dunkel und Licht eingetreten ist!

Ich wünsche Ihnen, falls Sie nicht mehr kommen können, von ganzem Herzen ein gesegnetes und schönes Weihnachtsfest.

Mit herzlichsten Grüßen an Sie und die Ihrigen
stets Ihr Konrad Adenauer

Aus dem Marienaltar von Tilman Riemenschneider
Herrgottskirche Creglingen a. T.
Aufnahme: Georg Schaffert, Creglingen
Verlag: F. & O. Brockmann's Nachf., Dresden - A. 1

Rhöndorf
24. 12. 57

Wir wünschen Ihnen allen
ein recht frohes Weihnachtsfest
und alles Gute für 1958.
Mit herzlichen Grüßen von
Haus zu Haus Ihr
[illegible] und K. Adenauer

Zu Nr. 35

Nr. 35

Am Freitag, dem 24. Dezember 1937 (Kartengruß aus Rhöndorf)

Wir wünschen Ihnen allen ein recht frohes Weihnachtsfest und alles Gute für 1938.

Mit herzlichen Grüßen von Haus zu Haus Ihre

Gussie und K. Adenauer

Nr. 36

Am Donnerstag, dem 17. März 1938 (ohne Ortsangabe)

Liebe Frau Pferdmenges!

Die von Ihnen so sorgsam eingepflanzten Sachen sind gegossen, die Lilienzwiebel in der Erde, alles andere, das morgen gepflanzt wird, ist angefeuchtet. Die Sonne ging herrlich unter, das Rheintal war erfüllt von rotem Gold. Meine Rembrandtkopie[186] steht mir gegenüber, meine geliebten Skimmias aus 1933 sind in der Erde. Der Garten hat seine Einweihung erhalten und ist mit Seele erfüllt. Ich danke Ihnen herzlichst für den Tag.

Stets Ihr
Konrad A.

(rechts) Aufzeichnung Adenauers zu seinem vermeintlich von Rembrandt stammenden „Saskia"-Gemälde: „1.3.39 /ohne Vergrößerungsglas / sehr helles Wetter, Sonne / 11 Uhr vormittags / man sieht die Initiale auch am anderen Glanz des Firnisses".

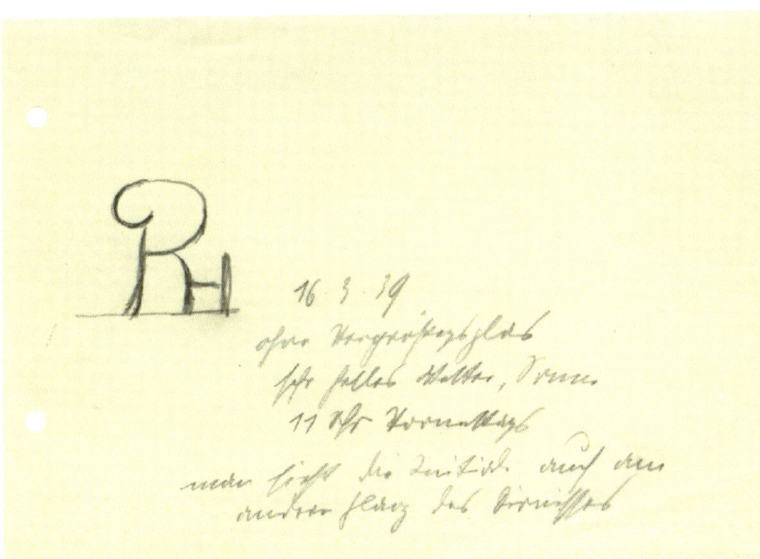

16. 3. 39

ohne Vergrößerungsglas

sehr helles Wetter, Sonne

11 Uhr Vormittags

man sieht die Zeichen auf dem

andern Glanz des Firnisses

Nr. 37

Am Donnerstag, dem 7. April 1938 (ohne Ortsangabe)

Liebe Frau Pferdmenges!

Da es so unsicher ist, ob ich Sie morgen telefonisch erreichen kann – ich weiß nicht, wie lange meine um 4 Uhr beginnende Besprechung bei der D[eutschen] Bank dauern wird –, so darf ich Ihnen die Namen der von Herrn Giesen[187] ausgesuchten Polyantharosen schon schreiben: M. C. Müller, <...>, Joseph Guy, Frau Astrid Späth, Dagmar Späth.

Die Sonne schien wirklich herrlich am Samstag, so herrlich, daß sie in trübe Tage nachleuchtet. – Ich kann noch gar nicht übersehen, wann ich wieder nach Köln komme, aber ich denke, es wird bald sein, und ich werde mich zeitig melden. – Es war mir eine Freude, daß Sie heute telefonisch fragten. Ich darf Ihnen ja als Ostergruß zwei Bücher schicken: ein Auszug aus Pascal[188], der ja das französische Denken noch sehr beherrscht, es scheint mir mancherlei sehr Schönes darin zu stehen. Dann ein neues Buch von Lützeler[189]. Es wendet sich zwar an einen anderen Kreis als seine „Christliche Kunst des Abendlandes"; aber es enthält auch manches Interessante und manche guten Gedanken. Sie wissen ja, daß ich nicht gern einen Dank habe, höchstens gelegentlich ein mündliches Wort.

Das kühle Wetter ist für den frisch angelegten Garten gut, aber man sehnt sich doch wieder nach Sonne, die Sie hoffentlich bald wieder hierhin bringt. – Welch' ein Glück, daß man die Natur, die Kunst, das Reich der Gedanken und der Seele, und Gott hat. – Nach allem schweren kommt einmal die Auferstehung, die Befreiung von allem Drückenden. – Ich denke, die Passion und das Osterfest werden Ihnen gut tun.

Mit herzlichsten Grüßen stets Ihr Konrad A.

Nr. 38

Am Dienstag, dem 31. Mai 1938 (ohne Ortsangabe)

Liebe Frau Pferdmenges!

Wenn man einen geliebten Angehörigen verloren hat[190], dann tritt die Frage nach dem „Warum" so oft vor einen. Und man stellt dann die Frage nach dem „Warum" für sich und für alle Menschen. Die Frage kann einen sehr quälen. Aber man soll sich mit ihr beschäftigen. Nur wenn man den Tod recht versteht und erfaßt, erhält das Leben Wert. Das wird immer mehr meine Überzeugung. Nur wenn man das rechte Verhältnis zum Tode gefunden hat, als eine Erfüllung und einen [Fortschritt] unseres Seins, wird man des Lebens Herr; sonst wird man von ihm erdrückt. Ich weiß, daß der Tod Ihres Vaters Ihnen sehr nahe geht. Ich lege Ihnen ein Büchlein bei, das sich mit dem Tode beschäftigt[191]. Ich stimme nicht mit jedem Satze überein, aber es enthielt viel Wahres und Tröstendes. Darum bitte ich Sie, es als kleine Pfingstgabe – Pfingsten ist ja das Fest des siegreichen Geistes – entgegenzunehmen.

Ich bin auf morgen plötzlich zu der Besprechung mit Rath[192] gebeten. Ich werde mich leider nicht bei Ihnen melden können, da ich nur sehr wenig Zeit habe. Ich komme aber wahrscheinlich vor Pfingsten nochmals nach Köln und werde dann versuchen, Sie zu sprechen.

Seien Sie herzlichst gegrüßt.

Stets Ihr
K. A.

Nr. 39

Am Samstag, dem 4. Januar 1941 (aus Rhöndorf)[193]

Liebe Frau Pferdmenges!

Haben Sie herzlichen Dank für Ihre schönen Weihnachtsgaben. – Wenn man Gartenfreund ist – und seitdem ich so viele Arbeiten im Garten selbst verrichten muß, bin ich es noch mehr als früher –, genießt man diese Kulturgeschichte des Gartens[194] sehr. Das „Eigen-Gewächs", das ja nicht im Garten, aber im Hause gewachsen war, vertrug sich ausgezeichnet mit der Lektüre des Buches. – Weihnachten 1940 ist nun dahin, 1941 ist angebrochen; was Weihnachten 1941 bringen wird? Vielleicht ist es gut, nicht in die Zukunft sehen zu können.

Ich hoffe, daß es Ihnen und den Ihrigen gut geht und daß Sie auch wegen Ihres Sohnes keine Sorge zu haben brauchen.

Grüßen Sie Ihren Mann bestens und seien Sie herzlich gegrüßt von

Ihrem
K. Adenauer

Nr. 40

Am Samstag, dem 11. Januar 1941 (aus Rhöndorf)

Liebe Frau Pferdmenges!

Ihnen und Ihrem Mann danke ich herzlich für Ihre guten Wünsche[195]. <Ich habe den Tag im engsten Familienkreise verbracht, möglichst ohne Reflexionen nach rückwärts und nach vorwärts. Ich finde, daß, je älter man wird, desto rätselhafter Welt und Menschen werden. Ich will ja nicht soweit gehen, wie Leonardo da Vinci nach dem auf der letzten Seite des Buches von Foerster[196] zitierten Ausspruch gegangen ist, ich bin eben nicht mehr aktiver Mitspieler, sondern betrachtender Beobachter, aber es ist schon alles sehr merkwürdig.>[197]

Für das Buch danke ich Ihnen recht herzlich; ich finde die Vorträge sehr gut. Es freut mich, daß Foerster so gewachsen ist. – <Das Buch „Das wahre Gesicht der Heiligen"[198] kenne ich. Es ist ein großer Trost, wenn man beim Abschiede von einem lieben Verstorbenen[199] das Wunder der Verklärung sieht. Ich habe es zweimal erlebt[200], man vergisst es nie.> – Das Buch über Frau von Staël[201] war nicht für Sie bestimmt; wir haben es geschickt, weil ein anderes Buch, das ich für Sie ausgesucht hatte, vor Weihnachten nicht erschienen ist. Nun ist es gekommen, „Die Welt vor hundert Jahren" von Redslob[202]. Redslob, den ich persönlich kenne, ist ein sehr ehrlicher Schriftsteller. Ich glaube, sein Buch wird Ihnen gefallen. Es geht gleichzeitig an Sie ab. Schicken Sie bitte Madame de Staël – merkwürdige Frau, merkwürdige Zeiten – hierhin zurück.

<Das arme Köln hat Pech mit seinen Oberbürgermeistern[203]. – Nun, eine Stadt steht ja lange. – Man sehnt sich nach dem Frühjahr und nach Tätigkeit im Garten, wahrscheinlich törichter Weise; denn das Frühjahr wird ja wohl soviel Unruhe bringen,

daß man sehnsüchtig der Ruhe des Winters gedenken wird. Aber hinter dieser Unruhe steht der Frieden, darauf wollen wir vertrauen.>

Hoffentlich haben Sie wegen Ihres Sohnes keine Sorgen mehr; wie es mit Max werden wird, ist ständig ungewiß.

Seien Sie und Ihr Mann recht herzlich gegrüßt von meiner Frau und Ihrem

K. Adenauer

Adenauer 1946

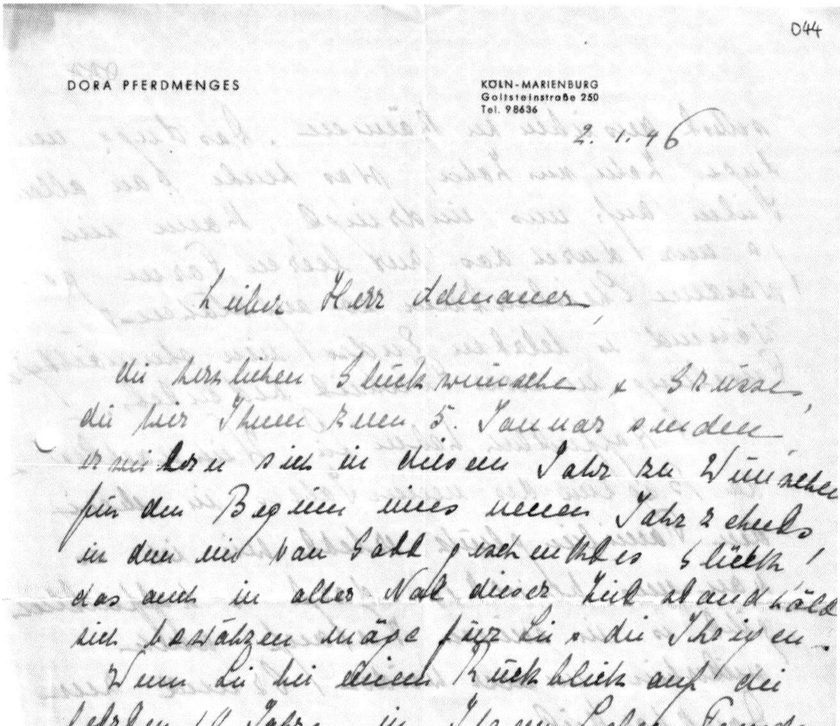

044

DORA PFERDMENGES

KÖLN-MARIENBURG
Goltsteinstraße 250
Tel. 98636

2. 1. 46

Lieber Herr Adenauer,

Die herzlichen Glückwünsche u. Grüsse, die hier Ihnen zum 5. Januar senden, erweitern sich in diesem Jahr zu Wünschen für den Beginn eines neuen Jahrzehnts in dem mit Gott geschenktes Glück! das auch in aller Not dieser Zeit standhält sich bewähren möge für Sie u. die Ihrigen.

Wenn Sie bei diesem Rückblick auf die letzten 10 Jahre in Ihrem Leben Freuden u. Schmerzen in allzu grossem Ausmaasse übereinander stehen sehen, so liegt vielleicht eine tröstliche Erklärung dafür in dem Goethewort: Alles geben die Götter, die unendlichen, ihren Lieblingen ganz.

Dass man Kämpfer werden muss, um Mensch zu sein, ist Ihnen ja nichts neues – es kommt nur darauf an, sich frei zu kämpfen, um das Gesetz des Handelns

Dora Pferdmenges am 2. Januar 1946 an Konrad Adenauer

044

selbst aus ihnen zu kämen. Das Auge um Auge, Zahn um Zahn, was heute von allen Seiten auf uns eindringt, kann sich ja nur durch das zur leeren Form gewordene Christentum so aufblähen, während es letzten Endes eine ohnmächtige Verschleierung unserer Freiheit bedeutet.

Hoffentlich haben Sie Weihnachten und Beginn des neuen Jahres in schönem Familienglück erlebt wie ich es von uns berichten darf & hoffentlich gibt es in seinem Verlauf auch weiterhin immer wieder Grund zur Dankbarkeit.

Mit den besten Grüßen

von Haus zu Haus

Ihre Dora Pferdmenges

Meine herzlichsten Glückwünsche! [illegible] Bleiben Sie der Alte!

[illegible]

Dora Pferdmenges am 2. Januar 1946 an Konrad Adenauer

Lieber Herr Adenauer,

die herzlichen Glückwünsche und Grüße, die wir Ihnen zum 5. Januar senden, erweitern sich in diesem Jahr zu Wünschen für den Beginn eines neuen Jahrzehnts, in dem ein von Gott geschenktes Glück, das auch in aller Not dieser Zeit standhält, sich bewähren möge für Sie und die Ihrigen.

Wenn Sie bei einem Rückblick auf die letzten 10 Jahre in Ihrem Leben Freuden und Schmerzen in allzu großem Ausmaße nebeneinander stehen sehen, so liegt vielleicht eine tröstliche Erklärung dafür in dem Goethewort: Alles geben die Götter, die unendlichen, ihren Lieblingen ganz.

Daß man Kämpfer werden muß, um Mensch zu sein, ist Ihnen ja nichts neues – es kommt nur darauf an, sich frei zu kämpfen, um das Gesetz des Handelns selbst ausüben zu können. Das Auge um Auge, Zahn um Zahn, was heute von allen Seiten auf uns eindringt, kann sich ja nur durch das zur leeren Form gewordene Christentum so aufblähen – während es letzten Endes eine ohnmächtige Fesselung unserer Freiheit bedeutet.

Hoffentlich haben Sie Weihnachten den Beginn des neuen Jahres in eben dem Familienglück erlebt, wie ich es von uns berichten darf, und hoffentlich gibt es in seinem Verlauf auch weiterhin immer wieder Grund zur Dankbarkeit.

Mit den besten Grüßen von Haus zu Haus

Ihre Dora Pferdmenges

[P.S.] Meine herzlichsten Glückwünsche! Ich sehe Sie ja bald. Bleiben Sie der alte!

Ihr getreuer Robert Pferdmenges

Nr. 41

Am Donnerstag, dem 7. Februar 1946 (aus Rhöndorf)

Liebe Frau Pferdmenges!

Meine Absicht, Ihnen mündlich für Ihre Wünsche zu meinem 70. Geburtstage[204] zu danken, habe ich bisher leider nicht ausführen können, und die Zeit schreitet weiter fort. – Lassen Sie mich daher brieflich Ihnen recht herzlich danken. Sie haben an allem Glück und Leid bei uns in den vergangenen Jahren so aufrichtig Anteil genommen, daß ich Ihnen auch dafür am Tage der Rückschau, an meinem 70. Geburtstage im Innern herzlichst gedankt habe.

Die Jahre fliehen wirklich „pfeilgeschwind". Manchmal kommt es mir vor, als sei es erst gestern gewesen, daß ich noch in dem in Schutt und Asche gesunkenen Rathaus saß, und daß die Götter „mich weniger geliebt" hätten[205]. – Aber ich darf nicht undankbar sein, Gott hat uns alle durch diese Zeit des Zusammenbruchs einer Zeitepoche gut hindurchgeführt.

Mit vielem Dank und recht herzlichen Grüßen an Sie und Ihren Mann

Ihr

K. Adenauer

Nr. 42

Am Mittwoch, dem 2. Februar 1949 (aus Rhöndorf)

Liebe Frau Pferdmenges!

Herzlichen Dank für Ihr freundliches Anerbieten hinsichtlich der Rosen. Ich hatte keine mehr, ich habe aber im Herbst durch einen Gärtner einige pflanzen lassen. Welche Sorten er gepflanzt hat, weiß ich nicht. Ich habe fast kein Interesse mehr am Garten, eine erstaunliche und wenig erfreuliche Veränderung! Wenn ich aus Ihrer Reise nach Zoppenbroich entnehmen kann, daß es Ihnen doch wieder besser geht, so würde ich mich darüber freuen.

Mir ging es, als ich unlängst bei Ihnen war, nicht gut; ich bin auch sofort, ohne meinen recht kranken Schwager[206] zu besuchen, nach Rhöndorf gefahren. Rausch und tiefe Müdigkeit, das sind die sich abwechselnden Phasen meines Daseins. Vielleicht werde ich mich meinem früheren Ich wieder mehr nähern; die Stunden in Ihrem Hause werden dazu beitragen.

Dem Ehepaar von Stein habe ich heute Glück gewünscht[207]. – In Bonn werden zur Zeit wichtigste, für die Zukunft Deutschlands entscheidende Gespräche – Verhandlungen – geführt[208]. Daß ich vom Geschick in meinem Alter dazu verurteilt bin, eine maßgebende Rolle dabei zu spielen, ist mir alles andere als eine Freude. Aber es bleibt einem keine Wahl: man muß den Platz auszufüllen versuchen, auf den man gestellt ist. Aber beneidenswert ist der Mensch, der ein persönliches Leben führen kann.

Ich hoffe, daß Sie sich in Z[oppenbroich] gut erholen; sobald sich die Gelegenheit dazu ergibt, werde ich kommen, mich davon zu überzeugen. – Bitte teilen Sie mir rechtzeitig mit, wenn Sie Bishop[209] dort haben, ich werde dann gerne versuchen, zu kommen.

Seien Sie recht herzlich gegrüßt! Ihr

K. Adenauer

Dora Pferdmenges nach 1950

Kommentar

1 Zum Asyl in der Benediktinerabtei Maria Laach (26.4.1933-26.4.1934) vgl. die im Anhang (S. 185-187) wiedergegebenen Angaben bei Emmanuel von Severus (Hrsg.), Ecclesia Lacensis, und Marcel Albert, Die Benediktinerabtei Maria Laach, S. 91-99. – Dazu auch die am 30.3.1953 ausgestellte Bescheinigung des Priors, P. Dr. Emmanuel v. Severus „Infolge der Absetzung als Oberbürgermeister der Stadt Köln a. Rh. und der Verfolgung durch die NSDAP ersuchte Dr. Konrad Adenauer, Bundeskanzler, um ein Asyl in unserer Abtei. Vom 26. April 1933 bis zum 26. April 1934 hielt sich Dr. K. Adenauer in der Abtei Maria Laach verborgen. Sein Aufenthalt blieb der Öffentlichkeit unbekannt, da Dr. Adenauer innerhalb der Klausur wohnte, die Mahlzeiten allein auf seinem Zimmer einnahm und dem Gottesdienste in der Basilika von der Empore aus beiwohnte" (aus der Wiedergutmachungsakte Adenauer im Archiv des Rhein-Sieg-Kreises, Best. SK 4991; Druck: Hans Peter Mensing, „... den Kopf oben halten ...", S. 91).

2 Hugo Mönnig (1864-1950), Dr. jur., langjähriger Vorsitzender des Rheinischen Zentrums und Verleger der „Kölnischen Volkszeitung", 1921-1933 Fraktionsvorsitzender in der Kölner Stadtverordnetenversammlung und Mitglied des Preußischen Staatsrats.

3 Anton Paul Brüning (1881-1944; nicht verwandt mit Heinrich Brüning), bis 1933 Direktor des A. Schaafhausen'schen Bankvereins bzw. der Deutschen Bank in Köln, 1930 2. Aufsichtsratsvorsitzender der Kölner Görreshaus AG.

4 Am 26.4.1933 waren neben Brüning und Mönnig auch weitere Vorstandsmitglieder der Kölner Görreshaus AG (die 1930 aus der 1925 für Druck und Vertrieb der „Kölnischen Volkszeitung" gegründeten Görreshaus GmbH hervorgegangen war) wegen angeblicher Verstöße gegen handelsrechtliche Bestimmungen bzw. Komplizenschaft verhaftet worden; vgl. die Angaben bei Adolf Klein, Köln im Dritten Reich, S. 131f. Dazu auch nachfolgend Adenauers Schreiben vom 4.5.1933 (Nr. 2).

5 Gussie in einem nicht datierten Schreiben dieses Zeitraums: „Daß P. Brüning und Mönnig in Untersuchungshaft sind, wirst Du wohl gelesen haben ... . Ich bin ganz entsetzt darüber, und hier herrscht deswegen große Aufregung. Pferdmenges ist nach Berlin und danach nach Kissingen. Die Sache Brüning hat ihm viel Arbeit und Mühe und Aufregung gemacht. Im ‚Westdeutschen Beobachter' stehen furchtbare Artikel über Brüning und Mönnig." Dazu im „Westdeutschen Beobachter" vom 27.4.1933 der Leitartikel: „Aus dem Korruptionssumpf des Görreshauses: Dr. Brüning und Mönnig verhaftet": „... wie selbst Leute, an denen bisher scheinbar kein Makel haftete, die als die angesehensten Führer der Zentrumspartei galten und in katholischen Kreisen als Stützen des Katholizismus hier in unserer bedrohten rheinischen Grenzmark überhaupt schienen, wie auch sie unter der Maske des Biedermannes verborgen, die grenzenlose Unmoral eines gewissenlosen verfaulten Systems züchteten."

6 Ildefons Herwegen (1874-1946), OSB, Dr. jur. h. c. et theol. h. c., 1913-1946 Abt des Benedektinerklosters Maria Laach. – Die mit ihm zur Vorbereitung und während des Aufenthalts in Maria Laach geführte Korrespondenz in: Adenauer im Dritten Reich, u. a. S. 97, 108, 111, 123, 203f., 211f., 231, 274, 329, 337.

[7] Der Besuch kam am 9.5.1933 zustande, wie aus dem Schreiben Adenauers vom 11.5.1933 hervorgeht (Nr. 3).

[8] Auf Skimmien (aus der Familie der Rutaceae [Rautengewächse]) geht Adenauer nachfolgend häufiger ein; vgl. Nr. 3, 4, 5, 8, 9, 10, 11, 18, 36.

[9] Druck dieser Briefpassage und der nachfolgend mit < > markierten Teile: Hans-Peter Schwarz, Adenauer. Der Aufstieg, S. 363, 367; Adenauer im Dritten Reich, S. 529.

[10] Bezieht sich vermutlich auf die am 1.5.1933, zum „Feiertag der nationalen Arbeit", gehaltene Hitler-Rede; vgl. AdG, Jg. 3 (1933), S. 817.

[11] Dazu der Beitrag „Die Rede des Reichskanzlers" in der „Frankfurter Zeitung" vom 2.5.1933.

[12] Dietrich Klagges (1891-1971), gehörte ab 1925 der NSDAP an, 1931-1933 Minister für Inneres und Volksbildung in Braunschweig, dort 1933-1945 Ministerpräsident, 1932-1945 MdR. – Klagges am 1.5.1933 in Braunschweig: „Bis jetzt ... sei bei uns in Deutschland das Verhältnis zwischen Arbeitgeber und Arbeitnehmer bestimmt gewesen durch den Begriff des Klassenkampfes. Nicht die Arbeiterschaft aber sei es gewesen, die den Klassenkampf eröffnet habe, sondern das Unternehmertum, das einer verderblichen liberalistisch-kapitalistischen Volkswirtschaftslehre sein Ohr geliehen habe" (nach der „Frankfurter Zeitung" vom 4.5.1933).

[13] Robert Ley (1890-1945), Dr. phil., 1928-1932 MdL (NSDAP) in Preußen, 1930-1945 MdR, 1931-1934 NSDAP-Reichsinspekteur und Stellvertreter des Reichsorganisationsleiters Gregor Strasser, ab 1934 dessen Nachfolger, begründete 1933 nach der Zerschlagung der freien Gewerkschaften die Deutsche Arbeitsfront (DAF), ab 26.4.1933 Nachfolger Adenauers als Präsident des Preußischen Staatsrats. – Auszüge aus der am 2.5.1933 vor dem Aktionskomitee zum Schutze der deutschen Arbeit gehaltenen Rede Leys in der „Frankfurter Zeitung" vom 3.5.1933 („Die Übernahme der freien Gewerkschaften durch die NSDAP").

[14] S. oben Anm. 4.

[15] Gemeint ist das Bankhaus A. Levy, das 1922 mit dem Bankhaus Sal. Oppenheim jr. & Cie. eine Interessengemeinschaft einging, die bis zum Tod seines Inhabers (Louis Hagen) 1932 andauerte. 1936 ging „A. Levy" mit allen Aktiva und Passiva auf das Bankhaus Oppenheim über (das von 1938-1947 als „Pferdmenges & Co." firmierte); vgl. Wilhelm Treue, Das Schicksal des Bankhauses Sal. Oppenheim jr. & Cie. und seiner Inhaber im Dritten Reich, passim.

[16] Adenauer am 2.5.1933 an Dannie N. Heineman: „Ich bin jetzt fast eine Woche hier, die Stille und Einsamkeit wirkt zuerst bedrückend, aber man gewöhnt sich an sie" (Adenauer im Dritten Reich, S. 126).

[17] Carl Hilty (1833-1909), schweizerischer Staatsrechtslehrer und Philosoph, dessen Schriften Adenauer von der Jugend- und Studentenzeit an besonders schätzte. Der 1919 von der Tochter M. Mentha-Hilty posthum herausgegebene 2. Teil der Betrachtungen „Für schlaflose Nächte" ist in der Adenauer-

wurde die Sache später sehr unangenehm, weil ich sie – und daraus machte ich kein Hehl – haftbar machte für den ganzen Schaden, da ich mich auf ihren Direktor verlassen und dieser seine Pflichten in gröbster Weise verletzt hatte. In der Zwischenzeit war aus Gründen, die mir nicht bekannt geworden sind, die Stellung Blüthgens bei der Vereinigten Glanzstoff AG unhaltbar geworden. Es kam dann durch die Machtergreifung der Nationalsozialisten eine allgemeine Unruhe und Verwirrung. Ich habe mich in wiederholten Briefen an die Deutsche Bank, Filiale Köln, und später an das Vorstandsmitglied Schlitter [s. unten Anm. 132] in Berlin gewandt und um Nachprüfung und um Ersatz meines Schadens gebeten. Ich habe schließlich von der Deutschen Bank überhaupt keine Antwort mehr bekommen" (Druck: Briefe 1959-1961, S. 235-237). Hierzu die detaillierten Angaben bei Hans-Peter Schwarz, Adenauer. Der Aufstieg, S. 317-325, und Henning Köhler, Adenauer, S. 251-264.

[25] Hans Zehrer (1899-1966), ab 1923 Mitarbeiter der „Vossischen Zeitung", 1925-1931 ihr Auslandsredakteur, Herausgeber der „Tat" (1929-1933) und der „Täglichen Rundschau" (1932/33), Chefredakteur des „Sonntagsblatts" (1948-1953) und der „Welt" (1953-1966).

[26] Dazu die Angaben bei Armin Mohler/Karlheinz Weißmann, Die Konservative Revolution in Deutschland 1918-1932. Ein Handbuch, 6., völlig überarb. und erweiterte Auflage, Graz 2005.

[27] Edith von Schröder geb. von Schnitzler (1892-1951) und Kurt Freiherr von Schröder (1889-1966), ab 1921 Mitinhaber des Bankhauses J. H. Stein, gehörte ab 1.2.1933 der NSDAP, ab 13.9.1936 der SS an, 1933-1945 Präsident der Industrie- und Handelskammer Köln, Mitglied des Freundeskreises Reichsführer SS. Zu seinen Aktivitäten in diesem Zeitraum vgl. Ulrich S. Soénius, Bankier und „Geburtshelfer", passim. – In einer Bescheinigung Adenauers vom 7.10.1947 finden sich folgende Angaben: „Wir haben niemals über den Nationalsozialismus näher gesprochen, und die Verbindung erkaltete langsam, so daß ich erst nachträglich aus der Presse erfuhr, daß [am 4.] Januar 1933 in seinem Hause sich Hitler und von Papen getroffen hatten. Nachdem die Nationalsozialisten an die Macht gekommen waren, hat jede persönliche Verbindung zum Ehepaar Schröder aufgehört. Durch meinen Bruder, Professor Dr. August Adenauer [1872-1952], Gielsdorf b/Bonn, habe ich gehört, daß von Schröder sich im Jahre 1933 bemüht habe, meine Verfolgung durch die Nazis zu bremsen. Näheres weiß ich selbst darüber nicht" (Briefe 1947-1949, S. 84; Adenauer im Dritten Reich, S. 524).

[28] Heinz Zucker (geb. 1885), Dipl.-Ing., Mitinhaber der Hydro-Apparate-Bauanstalt KG in Düsseldorf, seit dem 8.5.1933 Präsident der Industrie- und Handelskammer Düsseldorf (bis 1935 in diesem Amt), dort 1935-1942 Leiter der Wirtschaftskammer, Wehrwirtschaftsführer.

[29] Das Schreiben konnte nicht nachgewiesen werden.

[30] „Nach altem Vorbild rekonstruiert und an historischer Stelle wieder angebracht wurde die Steintafel im Garten von Goethes Gartenhaus. Die Tafel mit dem Goetheschen Epigramm ‚Hier gedachte still ein Liebender seiner Geliebten' hatte der Dichter 1782 als Huldigung für Charlotte von Stein anbringen lassen.

Der Text, der u. a. in einer Abschrift der Luise von Göchhausen im Goethe- und Schiller-Archiv erhalten ist, wurde sieben Jahre später bei Göschen in Leipzig erstmals gedruckt und später mehrfach umgearbeitet" (Stiftung Weimarer Klassik und Kunstsammlungen, Pressearchiv 27.6.2003).
Adenauer hatte bereits während seines Studiums in München (Sommersemester 1895) eine Vorlesung des Philosophen Moritz Lavrière über „Goethe's Faust" gehört, nachdem er beim Abitur am Kölner Apostelgymnasium (1894) den Deutschaufsatz über „Tasso und die beiden Frauengestalten in dem Goetheschen Drama" geschrieben hatte; vgl. Hans-Peter Schwarz, Adenauer. Der Aufstieg, S. 84, 86f. – Zur Beschäftigung mit dem Werk Goethes vgl. auch das Schreiben vom 18.10.1935 (Nr. 25).

31 Druck dieser Briefpassage und der nachfolgend mit < > markierten Teile: Hans-Peter Schwarz, Adenauer. Der Aufstieg, S. 365, 368f.; Adenauer im Dritten Reich, S. 129f.

32 Am 17.5.1933 hielt Hitler vor dem Reichstag seine außenpolitisch ausgerichtete, von allen Fraktionen gebilligte „Friedensrede"; Druck: Verhandlungen des Reichstags, VIII. Wahlperiode 1933, Bd. 457, Berlin 1934, S. 47-54.

33 Carl Ernst Bresges (1853-1938), seit 1881 verheiratet mit Maria Croon (1859-1940).

34 Max Adenauer (1910-2004), mit seinem älteren Bruder Konrad (1906–1993) und seiner Schwester Ria (1912–1998) Kind aus Adenauers erster Ehe mit Emma geb. Weyer (1880–1916).

35 Gussie Adenauer am 20.5.1933 an ihren Mann: „Frau Pferdmenges rief eben an, ihr Mann hätte die Herren noch nicht sprechen können, werde es aber baldigst tun, er sei jeden Tag jetzt auswärts" (Adenauer im Dritten Reich, S. 131).

36 Der Brief ist im Original auf den 6.5.1933 datiert. Da Adenauer nachfolgend aber auf das Pfingstfest eingeht, das 1933 auf den 4./5. Juni fiel; dann auch von „der ungeheuren Kraft [spricht], welche die Natur in diesen 6 Wochen [seit Beginn des Asyls am 26.4.1933] entfaltet hat", und nachfolgend die „in 14 Tagen" bevorstehende Sonnenwende erwähnt, ist davon auszugehen, daß ihm bei der Monatsangabe ein Irrtum unterlief.

37 Druck dieser Briefpassage und der nachfolgend mit < > markierten Teile: Hans-Peter Schwarz, Adenauer. Der Aufstieg, S. 363-368.

38 Dazu Hans-Peter Schwarz: „Möglicherweise ist von dem von Hitler am 25. April zum Bevollmächtigten für die Angelegenheiten der evangelischen Kirchen ernannten Königsberger Wehrkreispfarrer Ludwig Müller die Rede, den in jenen Wochen manche im protestantischen Lager, wie sich aber zeigt, zu Unrecht, für einen noch relativ vertrauenswürdigen Mann halten" (a. a. O., S. 363).

39 Weltwirtschaftskonferenz in London (12.6.-27.7.1933); vgl. AdG, Jg. 3 (1933), S. 815, 885.

40 Gemeint ist die Genfer Abrüstungskonferenz (1932-1935), deren Verlauf

zum Austritt Deutschlands aus der Konferenz und aus dem Völkerbund (14.10.1933) führte.

[41] Louis Hagen (1855-1932), Teilhaber des Bankhauses Oppenheim, 1915-1932 Präsident der Industrie- und Handelskammer Köln (Nachfolger: Robert Pferdmenges), für das Zentrum langjähriges Mitglied der Kölner Stadtverordnetenversammlung, des Preußischen Staatsrats und des Rheinischen Provinziallandtages.

[42] Friedrich Flick (1883-1972), begründete den nach ihm benannten Konzern der Eisen- und Stahlindustrie, im Dritten Reich NSDAP-Mitglied (ab 1937) und Wehrwirtschaftsführer (ab 1938), 1945 interniert, 1947 im Rahmen der Nürnberger Industriellen-Prozesse wegen des Einsatzes von Zwangsarbeitern von einem amerikanischen Militärgericht zu siebenjähriger Haft verurteilt, 1950 entlassen. – Adenauer am 18.6.1933 an Dannie N. Heineman: „Ich weiß nicht, ob Sie Flick kennen. Er stammt aus Siegen, wohnt jetzt in Berlin. Er hat sich aus eigener Kraft emporgearbeitet, ist ein sehr großer Eisen- und Stahlhersteller ... und wahrscheinlich heute einer der reichsten Männer Deutschlands. Er ist, wie ich aus eigner Erfahrung weiß, im persönlichen Verkehr sehr angenehm, wie ich von Pferdmenges, der mit ihm befreundet ist, immer gehört habe, als Mensch und als Geschäftsmann anständig und ehrlich" (Adenauer im Dritten Reich, S. 138). Am 12.4.1960 an Hans Katzer: „Ich kenne Herrn Flick aus der Zeit vor dem Nationalsozialismus. Ich weiß aus eigener Erfahrung, daß Herr Flick auch in der Zeit des Nationalsozialismus sehr zurückhaltend gewesen ist gegenüber dem Nationalsozialismus. ... Man hat in Nürnberg Herrn Flick nur angeklagt als Symbol der deutschen Industrie, wie das vom Nürnberger Gerichtshof auch selbst erklärt worden ist" (Briefe 1959-1961, S. 88).

[43] Zu den Kindern von Dora und Robert Pferdmenges, Heinz Pferdmenges (geb. 1910) und Ilse Bscher geb. Pferdmenges (1919-1992), vgl. die Angaben oben auf S. 15, 23.

[44] Die Anlagen sind nicht überliefert.

[45] Alfred Hugenberg (1865-1951), 1909-1918 Vorsitzender des Direktoriums der Firma Krupp, errichtete ab 1916 im Zeitungs-, Nachrichten- und Filmwesen als nationalkonservativ-nationalistische Mediengruppe den Hugenbergkonzern, ab 1918 Mitglied, 1928-1933 Parteivorsitzender der DNVP, MdR 1919-1933 (DNVP) und 1933-1945 (NSDAP, Gast), Januar-Juni 1933 Reichs- und preußischer Minister für Wirtschaft, Landwirtschaft und Ernährung, trat am 26.6.1933 von allen Minister- und Parteiämtern zurück.

[46] Zur Selbstauflösung der DNVP (27.6.1933) vgl. Friedrich Frhr. Hiller von Gaertringen, Die Deutschnationale Volkspartei, in: Erich Matthias/Rudolf Morsey (Hrsg.), Das Ende der Parteien 1933, S. 541-652 (mit den Dokumenten dieses Zeitraums auf S. 650-652).

[47] Die sich in diesen Tagen anbahnende Selbstauflösung des Zentrums wurde Anfang Juli 1933 vollzogen, der Auflösungsbeschluß am 6.7.1933 vom „Westdeutschen Beobachter" mitgeteilt. Vgl. Widerstand und Verfolgung in Köln, S. 63-79; Rudolf Morsey, Der Untergang des politischen Katholizismus. Die Zentrumspartei zwischen christlichem Selbstverständnis und ‚nationaler

Erhebung' 1932/33, Stuttgart-Zürich 1977. S. 202-207.

48 Druck dieser Briefpassage und der nachfolgend mit < > markierten Teile: Hans-Peter Schwarz, Adenauer. Der Aufstieg, S. 363-366, 369; Adenauer im Dritten Reich, S. 151.

49 Die „Frankfurter Zeitung" hatte am 29.6.1933 zum Rücktritt mit den Artikeln „Das Ende einer Übergangszeit" und „Hugenberg und die Wirtschaftspolitik" Stellung genommen; aus dem ersten Beitrag: „... dieser Akt bedeutet nichts Geringeres als daß in den fünf Monaten vom 30. Januar bis Ende Juni jener unter den Auspizien des Reichspräsidenten geschlossene Pakt zwischen Hitler, Papen und Hugenberg durch die natürliche Wucht der Entwicklung ... gegenstandslos geworden ist. Die koalitionsmäßig zustande gekommene Regierung der nationalen Konzentration hat einem rein nationalsozialistischen Regime Platz gemacht."

50 „... die Hoffnung auf die Wiedererrichtung der Monarchie" (Emmanuel von Severus) hatte im Sommer 1933 auch der Abt von Maria Laach; vgl. Hans Rink, Ildefons Herwegen, in: Zeitgeschichte in Lebensbildern, Bd. 2, hrsg. von Rudolf Morsey, Mainz 1975, S. 64-74, hier S. 70. Zu Motivation und Kontext vgl. Marcel Albert, Die Benediktinerabtei Maria Laach, S. 27f., 30, 76.

51 „Beamte, die nach ihrer bisherigen politischen Betätigung nicht die Gewähr dafür bieten, daß sie jederzeit rückhaltlos für den nationalen Staat eintreten, können aus dem Dienst entlassen werden. Auf die Dauer von drei Monaten nach der Entlassung werden ihnen ihre bisherigen Bezüge belassen. Von dieser Zeit an erhalten sie drei Viertel des Ruhegeldes (§ 8) und entsprechende Hinterbliebenenversorgung" (RGBl. 1933 I, S. 175). Dazu der Hinweis in den Erläuterungen „Zur Edition" auf S. 25; vgl. auch Anm. 68.

52 Ferdinand Zinsser (1865-1952; Vater von Gussie Adenauer), Prof. Dr. med., ab 1919 Ordinarius für Dermatologie und Leiter der Dermatologischen Klinik der Universität Köln.

53 Camillo Benso Graf von Cavour (1810-1861), sardinischer Ministerpräsident (1852-1859, 1860/61), italienischer Ministerpräsident (1861), nahm mit der Erweiterung des sardinischen zum italienischen Parlament maßgeblichen Einfluß auf die Einigung Italiens (bis auf Rom und Venetien). – Ob sich Adenauer hier auf ein eigenes Werk (z. B. eine der mehrbändigen Ausgaben seiner Parlamentsreden oder Briefe) oder auf eine Biographie Cavours (z. B. die in mehreren Auflagen erschienene von Heinrich von Treitschke) bezieht, konnte nicht geklärt werden. Zur Beschäftigung mit Cavour vgl. auch die Schreiben vom 5./6. und 27.7.1933 (Nr. 9, 10).

54 Willy Hellpach (1877-1955), Prof. Dr. med. et phil., gehörte 1918-1930 der DDP an (1925-1930 stellvertretender Parteivorsitzender), 1922-1925 Minister für Kultus und Unterricht, 1924/25 Staatspräsident von Baden, 1928-1930 MdR. – Welche seiner Veröffentlichungen zur medizinischen Psychologie und zur Völker-, Sozial-, Kultur- und Religionspsychologie hier gemeint ist, konnte nicht geklärt werden. In der Adenauer-Bibliothek noch heute erhalten, mit Widmung des Autors Hellpach: Die Wesensgestalt der deutschen Schule, Leipzig 1925.

[55] Max Hofmüller (1881-1981), 1923-1938 Mitglied der Bayerischen Staatsoper, 1927 Professor an der Universität München, ab 1928 Intendant der Vereinigten Stadttheater Köln, 1931 Generalmusikdirektor in Buenos Aires, Oberspielleiter an den Staatsopern Dresden (ab 1936) und München (ab 1946). – Ein Hinweis auf seine Kölner Tätigkeit („... war untragbar geworden, weil er jüdische Sänger hatte auftreten lassen") bei Adolf Klein, Köln im Dritten Reich, S. 83.

[56] Gotthelf Pistor (1887-1947), 1930-1932 erster Heldentenor am Opernhaus von Köln, 1932-1944 an der Städtischen Oper Berlin, dort ab 1939 auch als Regisseur tätig.

[57] Josef Grohé (1902-1988), 1926-1931 Hauptschriftleiter des „Westdeutschen Beobachters", ab 1929 für die NSDAP Stadtverordneter in Köln, ab 1931 NSDAP-Gauleiter im Gau Köln-Aachen, ab 1933 MdR, 1944 Reichskommissar für die besetzten Gebiete von Belgien und Nordfrankreich, 1946 von den Alliierten verhaftet und an Belgien ausgeliefert, nach späterer Rücküberstellung 1950 in Bielefeld zu vier Jahren und sechs Monaten Haft verurteilt.

[58] S. oben Anm. 47.

[59] Adenauer hatte bereits 1922, als Präsident des 62. Deutschen Katholikentages in München, seine nach 1945 in der CDU verwirklichten Vorstellungen von einer überkonfessionellen christlichen Volkspartei dargelegt; vgl. Hugo Stehkämper, Konrad Adenauer als Katholikentagspräsident 1922. Form und Grenze politischer Entscheidungsfreiheit im katholischen Raum, Mainz 1977. Druck der Eröffnungsrede vom 28.8.1922: Konrad Adenauer. Reden 1917-1967. Eine Auswahl, hrsg. von Hans-Peter Schwarz, Stuttgart 1975, S. 44-47.

[60] Nach Adenauers eigener Angabe im Fragebogen vom 18.6.1933 gehörte er der Zentrumspartei „seit 1901" an; vgl. Adenauer im Dritten Reich, S. 149.

[61] Druck dieser Briefpassage und der nachfolgend mit < > markierten Teile: Hans-Peter Schwarz, Adenauer. Der Aufstieg, S. 364f.; Adenauer im Dritten Reich, S. 153.

[62] Dazu bei Ulrich von Hehl (Priester unter Hitlers Terror, Sp. 1290) die Angaben zu Pfarrer Jakob Bueckeler (Bell am Laacher See): „Weil der Pfarrer Landessekretär des Volksvereins war, wurde seine Wohnung durchsucht und er selbst, nach zweimaligem Verhör, vom 3. bis zum 9.7.1933 in Schutzhaft genommen."

[63] Albert Vögler (1877-1945), MdR 1919-1924 (DVP) und 1933-1945 (NSDAP, Gast), 1919-1933 Präsidiumsmitglied des Reichsverbandes der deutschen Industrie, 1926-1935 Generaldirektor, danach Aufsichtsratsvorsitzender der Vereinigten Stahlwerke AG.

[64] Ludwig Grauert (1891-1964), bis 1923 bei der Staatsanwaltschaft in Münster und Bochum, Geschäftsführer des Arbeitgeberverbandes Duisburg (1923-1928) und des Arbeitgeberverbandes der Nordwestlichen Gruppe des Vereins Deutscher Eisen- und Stahlindustrieller (1928-1933), ab Februar 1933 Leiter der Polizeiabteilung im Preußischen Innenministerium, dort ab 10.4.1933 Staatssekretär. – Druck des Adenauer-Schreibens vom 4.7.1933: Adenauer im Dritten Reich, S. 152.

65 Druck dieser Briefpassage und der nachfolgend mit < > markierten Teile: Hans-Peter Schwarz, Adenauer. Der Aufstieg, S. 362, 370f.

66 Adenauer hatte sich am 18.7.1933 wegen einer Vernehmung durch den Untersuchungsführer im Dienststrafverfahren, Adolf Miller, in Berlin aufgehalten; vgl. Adenauer im Dritten Reich, S. 155, 540.

67 Über ihre Kontakte zu Dora und Robert Pferdmenges berichtete Gussie Adenauer ihrem Mann u. a. in Briefen vom 29.7.1933 („Ich war gleich den andern Morgen bei Pferdmenges. ... Pferdmenges trifft Vögler Samstag und will mir dann Bescheid geben. ... Herr Pferdmenges fährt erst in 14 Tagen nach Berlin. ... Eben war ich zum Tee bei Frau Pferdmenges, wo ich auch Frau Herbst traf. Sie war mit Göring auf einer Hochzeit zusammen") und 31.8. 1933 („Heute abend bin ich bei Pferdmenges geladen, ich werde dann alles diesbezügliche erledigen. ... Ich muß mich jetzt schnell für Pferdmenges fertig machen, darum für heute Schluß!").

68 Vom 17.7.1933 durch Staatssekretär Grauert (Preußisches Innenministerium): „Aufgrund des § 4 des Gesetzes zur Wiederherstellung des Berufsbeamtentums vom 7. April 1933 (Reichsgesetzblatt I Seite 175) entlasse ich Sie aus dem Dienst der Stadt Köln" (vgl. Adenauer im Dritten Reich, S. 155, 541f.).

69 S. oben Anm. 53.

70 Druck dieser und der nachfolgend mit < > markierten Briefpassage: Hans-Peter Schwarz, Adenauer. Der Aufstieg, S. 370f.; Adenauer im Dritten Reich, S. 160f.

71 Luise Raskin (1909-2002), 1929-1934 Privaterzieherin der vier Kinder von Gussie und Konrad Adenauer, leitete ab 1934 einen Privatkindergarten in Köln-Deutz, 1941-1945 als Religionslehrerin tätig, nach 1945 Jugendleiterin an der „Bildungsanstalt für sozialpädagogische Frauenberufe der Stadt Köln", ab 1947 unterrichtende Jugendleiterin, später Schulleiterin einer Einrichtung zur Ausbildung von Ordensfrauen, langjähriges Vorstandsmitglied der „Montessori-Vereinigung e. V., Sitz Aachen". – Vgl. die Angaben von Manfred Berger in: Biographisch-Bibliographisches Kirchenlexikon, Bd. XXII (2003), Sp. 1137-1145.

72 Nach der Promotion 1932 (Konrad Adenauer, Die Gefahrtragung beim aufschiebend bedingten Kauf und beim Kauf mit Anfangstermin, Bonn 1932) schloß der älteste Adenauer-Sohn seine juristische Ausbildung 1933 mit dem zweiten Staatsexamen ab.

73 Baumgeister der griechischen Mythologie (Nymphen der Eichbäume; „dryas" = „Eiche").

74 Wallfahrten zu dem im Trierer Dom aufbewahrten, im Heiligen Jahr 1933 erneut ausgestellten Heiligen Rock (23.7.-8.9.1933). Dazu, auch zur überlieferungsgeschichtlichen Problematik der Tunika Christi, die Angaben unter: www.bistum-trier.de/kiosk/relaunch/rock/rock1.htm - 15k -.

75 Franz von Papen (1879-1969), 1920-1928, 1930-1932, 1933-1945 MdL (bis 1932 für das Zentrum), 1932 Reichskanzler, 1932/33 Reichskommissar für

Preußen, 1933/34 Vizekanzler, dann Botschafter in Österreich (1934-1938) und in der Türkei (1939-1944).

[76] Zur 3. Soziologischen Sondertagung des Katholischen Akademikerverbandes (21./22.7.1933 in Maria Laach) vgl. Marcel Albert, Die Benediktinerabtei Maria Laach, S. 71-91. Dazu auch der Hinweis in Anm. 172.

[77] Das am 8.7.1933 paraphierte, am 20.7.1933 in Rom unterzeichnete Reichskonkordat wurde mit seiner Ratifizierung am 10.9.1933 rechtskräftig; vgl. Hubert Gruber, Katholische Kirche und Nationalsozialismus, S. 97-114. – In der Korrespondenz Adenauers finden sich dazu keine Kommentare.

[78] Internationale Konferenz der Sozialistischen Arbeiter-Internationalen vom 21.-25.8.1933 in Paris; hierzu das Protokoll in: Kongreß-Protokolle der Sozialistischen Arbeiter-Internationale, Bd. 5, Glashütten/Taunus 1976. Dort (S. 99-111) der Wortlaut der nachfolgend erwähnten, am 22.8.1933 gehaltenen Rede von Otto Wels. (S. 110: „Der Durst nach Rache, der Haß, der in Deutschland Millionen durchglüht, ist ein Aktivum, das in organisatorische Formen zu gießen so leicht wäre.")

[79] Otto Wels (1873-1939), 1912-1918 und 1920-1933 MdR (SPD), seit 1919 mit Hermann Müller, seit 1931 alleiniger Vorsitzender der SPD, leitete nach der Emigration die Exil-SPD in Prag bzw. Paris.

[80] Druck dieser und der nachfolgend mit < > markierten Briefpassage: Hans-Peter Schwarz, Adenauer. Der Aufstieg, S. 371f.; Adenauer im Dritten Reich, S. 168.

[81] Gussie Adenauer im Dezember 1933 zu den Zukunftsplänen der Tochter aus Adenauers erster Ehe: „Ich habe heute von Frau Gedye einen Brief bekommen mit der Nachricht, daß Ria noch diesen Monat mit einer besonders reizenden englischen Familie nach Süd-Afrika als governess gehen kann, Du kannst Dir denken, wie aufgeregt wir sind. Wir haben sofort um nähere Auskunft geschrieben, und jeder rät Ria, es doch anzunehmen, auch Frau Pferdmenges, die mich heute besuchte und die Freunde dort hat, die vom Klima etc. begeistert sind. Was tun wir nur? Ria möchte ja auch gern, natürlich nicht länger als 1 1/2 Jahre. Die Gelegenheit ist ja fabelhaft!" Dazu auch Adenauers Schreiben vom 18.10. und 15.12.1933 (Nr. 14, 15) sowie die auf Angaben der Familie Adenauer gestützten Hinweise bei Paul Weymar (Konrad Adenauer, S. 170): „Ria hatte auf die Nachricht von der Entlassung des Vaters ihr Studium in Paris abgebrochen und war als Erzieherin nach Schottland gegangen ... . Und wenn [Adenauer] auch das Opfer, das Ria durch Aufgabe ihres Studiums gebracht hatte, zunächst schmerzlich berührte, so sah er darin ein Zeichen ihres kindlichen Gefühls und vergalt ihr diese Selbstlosigkeit durch eine besonders warme Zuneigung, die der Kanzler für seine älteste Tochter noch heute hegt."

[82] Die Gedichte liegen dem Dokument nicht bei und konnten auch in anderer Überlieferung nicht nachgewiesen werden.

[83] Der von Adenauer nachfolgend wiedergegebene Beitrag „Interessante Bohnenversuche" war erschienen in: Natur und Kultur. Monatsschrift für Naturwissenschaft und ihre Grenzgebiete, Jg. 30 (1933), S. 185.

[84] Zu Hermanny konnten keine Angaben ermittelt werden.

[85] Dazu der Katalog der Prinz Eugen-Ausstellung, Wien (Belvedere) Mai-Oktober 1933, hrsg. vom Verein der Museumsfreunde in Wien, Wien 1933.

[86] Vermutlich gemeint: Paul Frischauer, Prinz Eugen: Ein Mensch und 100 Jahre Geschichte, Berlin-Wien-Leipzig 1933.

[87] Damals aktuelle Veröffentlichung zum französischen Staatsmann Charles Maurice de Talleyrand (1754-1838; Herzog von Talleyrand-Périgord [seit 1807], Fürst von Benevent [seit 1806], Herzog von Dino [seit 1815]): Franz Blei, Talleyrand oder der Zynismus, Berlin 1932.

[88] Maurice Paléologue, Alexandra Feodorowna: Der Roman der letzten Zarin, hrsg. und übers. von Hans Roger Madof, Berlin 1933.

[89] Friedrich Grimm (1888-1959), Prof. Dr. jur., Rechtsanwalt und Publizist, 1933-1945 MdR (NSDAP), 1945-1948 in französischer Haft, ab 1949 wieder als Anwalt tätig. – Grimm vertrat Adenauer 1933/34 im Dienststrafverfahren; dazu die zahlreichen Belege in Adenauer im Dritten Reich (mit dem Schriftverkehr auf S. 150f., 154, 157, 163-165, 169f., 185).

[90] Dannie N. Heineman (1872-1962), amerikanischer Industrieller deutsch-jüdischer Abstammung, 1905-1955 Generaldirektor des belgischen Elektrokonzerns Sofina (leitete das Unternehmen bis 1940 von Brüssel aus, dann in die USA zurückgekehrt); 1907 erstmals mit Adenauer zusammengetroffen, ihm dann jahrzehntelang in enger Freundschaft verbunden. – Ein Besuch Heinemans bei Adenauer in Maria Laach ist nicht nachweisbar: „In einer Falte meines Gedächtnisses ist freilich die Erinnerung aufbewahrt, daß Treffen Adenauer-Heineman auch außerhalb des Hauses ‚in der Eifel' stattgefunden haben" (P. Emmanuel von Severus OSB, Archiv der Abtei Maria Laach, in einer schriftl. Mitteilung an die StBKAH vom 10.3.1996).

[91] Gussie Adenauer am 12.9.1933 an ihren Mann: „Eben war Frau Pferdmenges hier, um sich zu verabschieden. Sie fahren morgen nach Baden-Baden. Frau Pferdmenges sagte, daß Riesen [Günter Riesen, 1892-1951; ab 13.3.1933 Staatskommissar für die Stadt Köln, ab 29.7.1933 Nachfolger Adenauers im Amt des Kölner Oberbürgermeisters, 1936 abgelöst] etwas ruhiger wäre und von seinem ‚Vorgänger' in besseren Tönen rede. – Sie meinten beide (Herr und Frau Pferdmenges), daß es doch jetzt Zeit würde, das Verfahren zu Ende zu führen"; am 13.9.33: „Pferdmenges sind heute nach Rheydt und fahren morgen nach Baden-Baden."

[92] Christoph Schröder (1871-1926), Prof. Dr. phil., Biologe und Tierpsychologe, langjähriger Leiter des Instituts für Metapsychologie in Berlin, Herausgeber der „Zeitschrift für metaphysische Forschung".

[93] Welche Veröffentlichung des französischen Schriftstellers Romain Rolland (1866-1944) Adenauer vorlag, konnte nicht geklärt werden. – Aus einer „Quittung über beschlagnahmte Bücher" geht hervor, daß aus der Bibliothek Adenauers am 23.7.1944 bei der Hausdurchsuchung durch den Sicherheitsdienst des Reichsführers SS auch „1 Roman Roland [sic!]" entnommen wurde; dazu das Faksimile in: Adenauer im Dritten Reich, S. 406.

[109] Paul Wentzcke, Separatismus. Angriff und Abwehr am Rhein 1923, in: „Süddeutsche Monatshefte", Jg. 31 (1933), S. 6-51. Dazu die Stellungnahmen in: Adenauer im Dritten Reich, S. 179, 181f.

[110] Im selben Zusammenhang hatte Gussie Adenauer ihrem Mann nach dem 22.9.1933 geschrieben: „Das Buch über Separatismus ist mal wieder recht erschütternd und zeigt offen die Tendenz der heutigen Verfasser Deutscher Geschichten" (Adenauer im Dritten Reich, S. 179); hier vermutlich gemeint: F. Walther Ilges, Der Hochverrat von Zentrum und Bayerischer Volkspartei 1918-1933. Die geplante Aufteilung Deutschlands, Berlin 1933.

[111] Peter Lippert (1879-1936), Jesuitenpater, 1909 Priesterweihe. 1912-1926 Seelsorger in München, dort ständiger Mitarbeiter bei den „Stimmen der Zeit"; seine religiösen Vorträge und Rundfunk-Sonntagspredigten wurden 1932/33 in der vierbändigen Sammlung „Stimme im Rundfunk" veröffentlicht. Vgl. auch Peter Lippert SJ, Von Wundern und Geheimnissen, München 1933.

[112] Zu den musikalischen Interessen Adenauers, auch an den Werken von Ludwig van Beethoven (1770-1827), vgl. Caudia Valder-Knechtges, „... wie war unsere Arbeit damals schön ...". Oberbürgermeister Konrad Adenauer und das Kölner Musikleben (1917-1933/45), Bergisch Gladbach 1995.

[113] Zum Aufenthalt in Berlin (November/Dezember 1933, im Maria-Viktoria-Krankenhaus, Karlstraße 29, in der Nähe der Friedrichstraße) die Belege in: Adenauer im Dritten Reich, S. 186-191.

[114] S. oben Anm. 84.

[115] Peter Klöckner (1863-1940), Dr.-Ing. E. H., Großindustrieller, gründete 1906 den nach ihm benannten Konzern der Montan- und der Investitionsgüterindustrie und 1917 die Lothringer Hütten- und Bergwerksverein AG, vereinigte nach 1920 mehrere Unternehmen des Motoren-, Maschinen- und Fahrzeugbaus zur Klöckner-Humboldt-Deutz AG, 1923-1940 Aufsichtsratsvorsitzender der Klöckner AG, 1921-1933 Mitglied des Preußischen Staatsrats (Zentrum). – Belege für die Kontakte zu Klöckner in: Adenauer im Dritten Reich, S. 14, 86, 339-341, 347, 360, 508f., 523, 635f., 644.

[116] Zu dem im Dezember 1933 erreichten Stand des Dienststrafverfahrens die Belege a. a. O., 190-193.

[117] S. oben Anm. 17.

[118] Adenauer verbrachte den Heiligabend 1933 mit seiner Familie in Maria Laach; Erinnerungen daran in der Weihnachtsansprache des Bundeskanzlers 1951, aus der Paul Adenauer in der Einführung in diese Veröffentlichung zitiert (S. 12). Druck: Konrad Adenauer, Glauben an den Sieg des Lichtes. Weihnachtsansprachen 1949-1958, Buxheim/Allgäu 1959, S. 31-40; vgl. auch Adenauer im Dritten Reich, S. 194.

[119] Gussie Adenauer am 13.1.1934 an ihren Mann: „Eben rief mich Frau Pferdmenges an, Du habest bezüglich der Wohnungen einen so deprimierten Brief geschrieben. Mir tut so leid, daß Du nun so alleine diese wirklich aus Erfahrung ungemein niederdrückende Arbeit tun mußt."

[120] Damals aktuelle Veröffentlichungen zum Philosophen Wilhelm Dilthey (1833-1911): Arthur Liebert, Wilhelm Dilthey: Eine Würdigung seines Werkes zum 100. Geburtstage des Philosophen, Berlin 1933; Der junge Dilthey: Ein Lebensbild in Briefen und Tagebüchern (1852-1870), zusammengestellt von Clara Misch geb. Dilthey, Leipzig-Berlin 1933; Alfons Degener, Dilthey und das Problem der Metaphysik: Einleitung zu einer Darstellung des lebensphilosophischen Systems, Bonn-Köln 1933.

[121] Gemeint ist Ria Adenauer; s. oben die Angaben bei und in Anm. 81.

[122] Teildruck: Hans-Peter Schwarz, Adenauer. Der Aufstieg, S. 367, 383f.; Adenauer im Dritten Reich, S. 205.

[123] Hierzu Adenauer im Rückblick der letzten Lebensjahre: „Das Chorgebet schätze ich besonders seit der Zeit, als ich mich in Maria Laach verborgen halten mußte – 1933/34 –, und ich habe immer den Wunsch gehabt, es möchte doch in der Muttersprache gebetet werden. Ich erhoffe mir davon eine tiefgreifende Belebung des Chorgebetes, das in der großen Not unserer Zeit soviel Licht und Kraft auf der Erde bedeuten kann." (am 16.1.1962 an Pater Th. Stallaert, Roermond, StBKAH 10.46; Druck: Briefe 1961-1963, S. 78).

[124] Dazu vgl. das Kapitel „Die ‚Götterdämmerung' (Erste Jahreshälfte 1934)" bei Marcel Albert, Die Benediktinerabtei Maria Laach, S. 112-130, mit dem Hinweis auf S. 125: Abt Ildefons Herwegen „kam zu einer realistischeren Einschätzung der neuen Regierung. Einem Mitbruder vertraute er an: ‚Wir werden von Verbrechern regiert.'"

[125] „Ab 11. ds. M. bin ich auf etwa 10 Tage in Berlin ...", Adenauer am 9.3.1934 an Heineman (StBKAH, Bestand Heineman).

[126] Zum Aufenthalt in Neubabelsberg (1.5.1934-25.4.1935), zum Kontakt zum Vorbesitzer von Haus und Grundstück Augustastraße 40, Paul Wiener, und zu den dazu erhaltenen privaten und familiären Unterlagen vgl. Adenauer im Dritten Reich, S. 210-248; Hans Peter Mensing, „... den Kopf oben behalten ...", S. 93f., und Rudolf Morsey, Adenauer und Berlin. Ein spannungsreiches Verhältnis, in: Dietrich Murswiek u. a. (Hrsg.), Staat – Souveränität – Verfassung. Festschrift für Helmut Quaritsch zum 70. Geburtstag, Berlin 2000, S. 535-549, hier S. 544f.

[127] Gesetz über den Verkehr mit Rohstoffen und Halbfabrikaten vom 22.3.1934 (RGBl. 1934 I S. 212). Dazu und zu den anderen gesetzlichen Maßnahmen dieses Zeitraums vgl. Gerd Höschle, Die deutsche Textilindustrie zwischen 1933 und 1939. Staatsinterventionismus und ökonomische Rationalität, Stuttgart 2004, S. 27-31.

[128] Ferdinand Gregorovius (1821-1891), Kulturhistoriker, veröffentlichte u. a. „Geschichte der Stadt Rom im Mittelalter" (8 Bände, 1859-1872); „Wanderjahre in Italien" (5 Bände, 1870-1882); „Geschichte der Stadt Athen im Mittelalter" (2 Bände, 1889); „Römische Tagebücher" (1892). – Adenauer lag vermutlich die von Fritz Schillmann herausgegebene Neuausgabe der „Wanderjahre" vor (Dresden 1932); dazu die von Hanno-Walter Kruft mit einer Einführung versehene, 1967 in München erschienene Neuauflage (mit dem Kapitel „Aus

der Campagna von Rom. 1856 und 1858", S. 271-319).

129 Zur damaligen Entwicklung die Belege bei Hubert Gruber, Katholische Kirche und Nationalsozialismus, S. 198-210.

130 Zur Beschäftigung mit dem Werk von Stefan George (1868-1933) auch das Schreiben vom 6.1.1935 (Nr. 20).

131 Zum österreichischen Schriftsteller Rainer Maria Rilke (1875-1926) auch das Schreiben vom 30.12.1935 (Nr. 29). Das Interesse Adenauers an seinem Werk geht u. a. auch aus einem Rechnungsbeleg der Gilde-Buchhandlung Carl Kayser (Bonn) hervor, die ihm am 9.1.1943 „Rilke, Gedichte" und „Rilke, Cornet" lieferte; dazu das Faksimile in: Adenauer im Dritten Reich, S. 386. – Die Anlage ist nicht überliefert.

132 Oscar Schlitter (1868-1939), Dr. jur. h. c., Vorstandsmitglied (1911-1931) und Aufsichtsratsvorsitzender (1933-1939) der Deutschen Bank. – Adenauers Verbindung zu Schlitter in der Verfolgungszeit ist dokumentiert in: Adenauer im Dritten Reich, S. 187, 556f.

133 Im Prozeß gegen Anton Paul Brüning (s. oben Anm. 4); dazu die Belege a. a. O., S. 234-236, 580-582.

134 Adenauer bereitet in diesem Zeitraum den Wohnortwechsel von Potsdam-Neubabelsberg zurück ins Rheinland vor, der Ende April/Anfang Mai 1935 zum Umzug nach Honnef-Rhöndorf führte. Dazu auch Adenauers Schreiben vom 6.1.1935 (Nr. 20). – Die erste Erwähnung findet sich bereits in einem Schreiben Max Adenauers an seine Eltern vom 25.10.1933. „Mit Frau Pferdmenges war ich zum ersten Male in Honnef. Sie wird sicher schon selbst berichtet haben. Es war natürlich zu erwarten, daß die erste Besichtigung kein Ergebnis haben konnte. Wir haben uns in der Berglage etwas umgesehen, und zwar in der Gegend zwischen Rhöndorf und Honnef. ... Nur ganz vereinzelt war mal ein Haus zu treffen, das unseren Haushalt hätte aufnehmen können. Möglicherweise waren wir nicht in der richtigen Gegend, es mag sein, daß zum Rhein zu [genügendere] Wohnungen sind. Übrigens macht Rhöndorf auch einen ganz ordentlichen Eindruck" (Adenauer im Dritten Reich, S. 184).

135 Mit Hilfe des nachfolgenden Hinweises ließ sich lediglich der erste Titel ermitteln: Fritz Stahl, Rom – Das Gesicht der ewigen Stadt, Berlin 1929.

136 Fritz Stahl – Pseudonym von Siegfried Lilienthal (1864-1928), Redakteur und Kunstkritiker des „Berliner Tageblatts". Kontakte oder Korrespondenz Adenauer-Lilienthal konnten nicht nachgewiesen werden.

137 Vermutlich gemeint (da bereits Ende 1934 im Buchhandel): Carl Jakob Burckhardt, Richelieu. Bd. 1: Der Aufstieg zur Macht, München 1935.

138 Die Abkürzung konnte nicht zweifelsfrei aufgelöst werden; möglicherweise gemeint: Hjalmar Schacht (1877-1970), Dr. phil., 1924-1929 und 1933-1939 Reichsbankpräsident, 1934-1937 Reichswirtschaftsminister, 1937-1944 Reichsminister ohne Geschäftsbereich, 1947 in einem Entnazifizierungsverfahren zu achtjährigem Arbeitslager verurteilt, 1950 Haftentlassung, danach Tätigkeit als Bankier und Finanzberater. – In StBKAH nachweisbar: seine Eintragung in das Gästebuch der Familie Adenauer vom 11.9.1928 „Gewalt nicht noch Geld/

Formen die Welt, / Geistliche Kraft und sittliches Handeln / Vermögen Welten zu wandeln".

139 Die Jahreszahl in der Vorlage („1934") war aufgrund der nachfolgenden Angaben zum 59. Adenauer-Geburtstag am 5.1.1935 zu korrigieren.

140 Richard von Schnitzler (1855-1938; Schwiegervater von Kurt Freiherr von Schröder), 1881-1925 Teilhaber des Bankhauses J. H. Stein, dort 1925-1938 Kommanditist, ab 1924 schwedischer Generalkonsul; Vorsitzender des Kölnischen Kunstvereins, des Kunstgewerbevereins, des Museumsvereins und des Vereins der Freunde des Wallraf-Richartz-Museums.

141 Die Verbindung zur Tochter von Schnitzlers, Mella Abegg (geb. 1883), behielt Adenauer auch nach 1945 bei; er schrieb ihr am 19.2.1963: „... Köln ist mir sehr fremd geworden. Die Menschen von früher sind nicht mehr da, und alles hat sich verändert. An Ihren Vater ... denke ich noch mit großer Hochschätzung zurück" (StBKAH 10.47).

142 S. oben Anm. 98.

143 Der älteste Adenauer-Sohn war ab 1934 für die Allgemeine Elektricitäts-Gesellschaft (AEG) als Sachbearbeiter in der Auslandsabteilung und als Vorstandsassistent an den Standorten Stuttgart, Berlin und Oslo tätig.

144 Zum dortigen Studium von Ria Adenauer vgl. die Angaben bei Hans Peter Mensing, Emma, Gussie und Konrad Adenauer, mit ihren Töchtern Ria Reiners, Lotte Multhaupt und Libet Werhahn, in: Dieter Zimmer (Hrsg.), Deutschlands First Ladies. Die Frauen der Bundespräsidenten und Bundeskanzler von 1949 bis heute, Stuttgart 1998, S. 33-62, hier S. 59.

145 Zur bevorstehenden Rückkehr ins Rheinland und zum Umzug nach Rhöndorf (April/Mai 1935) Adenauer am 11.3.1935 an Robert Pferdmenges: „Unsere Wohnungsfrage kommt jetzt doch in Schuß, und meine Frau und ich werden am Donnerstag dieser Woche nach Köln fahren, ein bis zwei Tage bei meinem Bruder [August Adenauer], Stadtwaldgürtel, wohnen, dann für einige Tage nach Plittersdorf [in das St. Leonhardusstift] gehen, um von dort aus die Wohnungsfrage zu regeln. Vielleicht können wir während unserer Anwesenheit dort über diese Frage einmal sprechen. Wir möchten auch gern Ihrer Frau nach ihrer Genesung einmal guten Tag sagen" (Adenauer im Dritten Reich, S. 245).

146 Albert H. Rausch – Pseudonym: Henry Benrath – (1882-1949), Schriftsteller, von Stefan George seit der ersten Begegnung (1906) wesentlich beeinflußt; vgl. Michael Keller (Hrsg.), Albert H. Rausch – Henry Benrath. Ein vergessener Dichter? Mit Beiträgen von Christian Hartmeier, Stefanie Golisch, Marita Keilson-Lauritz, Hans-Jürgen Lange, Albert von Haller, Kurt Jagenberg und Michael Keller, Friedberg 2002. – Rausch/Benrath hatte in den „Basler Nachrichten" am 5.12.1933 den Beitrag „Zum Tode von Stefan George" veröffentlicht; vgl. Wilhelm Hans Braun, Bibliographie Henry Benrath/ Albert H. Rausch, in: Henry Benrath in memoriam, hrsg. von Rolf Italiaander, Stuttgart 1954, S. 169-199, hier S. 191.

147 Die Familie Adenauer bewohnte zu diesem Zeitpunkt bereits in Rhöndorf

das Haus Löwenburgstraße 76; s. oben Anm. 134.

[148] Der Titel konnte nicht nachgewiesen werden.

[149] Bezieht sich auf Adenauers Verhaftung durch die Gestapo am 30.6.1934, nach dem „Röhm-Putsch"; vgl. Adenauer im Dritten Reich, S. 218f., 573f. Dazu auch die Angaben im Anhang (S. 183, 192).

[150] Gussie Adenauer hielt sich in diesem Zeitraum bei ihren Eltern in Tübingen auf; der Briefwechsel dieser Tage a. a. O., S. 252, 254, 590.

[151] Adenauer am 22.8.1935 an seine Frau: „Die Adresse von Frau Pferdmenges ist Rittergut Lindenberg Kreis Beestrum bei Berlin; ich nehme wenigstens an, daß sie noch dort ist."

[152] Das Schreiben ist nicht überliefert.

[153] Zu der am 10.8.1935 verfügten Ausweisung aus dem Regierungsbezirk Köln, nach der „Schützen-Affäre" vom 8.7.1935, die Dokumente in: Adenauer im Dritten Reich, S. 256-266.

[154] Hierzu siehe oben Anm. 123.

[155] Zum Aufenthalt im Kurhaus St. Elisabeth in Freudenstadt (19.9.1935-21.10.1935) die Belege in: Adenauer im Dritten Reich, S. 267-272.

[156] S. oben Anm. 30.

[157] Adenauer beschäftigte sich in diesem Zeitraum, zur Nutzanwendung bei der Gartenarbeit, häufiger mit einem Verfahren und eigenen Versuchen zur „Schädlingsbekämpfung mit elektrischem Strom", die 1942 beim Reichspatentamt zur Patentanmeldung für eine „Vorrichtung zum Vernichten von Schädlingen mit Hilfe elektrischen Stromes und Netzflüssigkeit hierfür" führte. Dazu die näheren Angaben weiter unten in diesem Schreiben sowie die Belege in: Adenauer im Dritten Reich, S. 249f., 257, 380f.

[158] Die „Frankfurter Zeitung" hatte am 13.10.1935 einen Beitrag über Johann Gottfried von Herder (1744-1803; Schriftsteller, Philosoph und Theologe) und Johann Wolfgang von Goethe veröffentlicht: „Herder oder Goethe" (Verfasserangabe: „W. M."). Dort heißt es u. a.: „Die notwendige Revision unseres Herderbildes geht Hand in Hand mit den Bemühungen um ein neues Bild Goethes, das aus der sehr ernsthaften Diskussion um Christentum und Idealismus entstehen soll. ... Herder ist ein Programm, aber Goethe ist eine Aufgabe."

[159] Fritz Schumacher (1869-1947), Prof. Dr.-Ing. E. H., 1899-1908 Professor an der Technischen Hochschule Dresden, ab 1909 Baudirektor, 1923-1933 Oberbaudirektor in Hamburg, 1920-1923 Beigeordneter der Stadt Köln, u. a. zuständig für Hoch- und Tiefbauamt, öffentliche Bauten, erstellte den Generalbebauungsplan für den inneren Grüngürtel. – „In Erinnerung an den [Besuch Schumachers in Rhöndorf am] 14ten Juni 1938" widmete Schumacher Adenauer bei dieser Gelegenheit seine „Erinnerungen eines Baumeisters: Stufen des Lebens" (Stuttgart 1935); vgl. Adenauer im Dritten Reich, S. 327f., 629f.

[160] S. oben Anm. 43.

161 Die Anlage ist nicht überliefert.

162 Zum Nachfolgenden s. oben Anm. 157.

163 Bezieht sich auf die Kölner Grundstücke Max-Bruch-Straße 4 und 6 und die darauf 1910/11 bzw. 1926 errichteten Adenauer-Häuser, in deren Zwangsverkauf Adenauer 1937 einwilligen mußte (s. unten Anm. 173).

164 Zu diesem Vorgang konnten keinen weiterführenden Informationen ermittelt werden.

165 Zum Zwangsaufenthalt im Pax-Erholungsheim in Unkel / Rhein (25.10.1935-8.4.1936) die Belege in: Adenauer im Dritten Reich, S. 271-274, 597, 609f.

166 Der Artikel konnte nicht nachgewiesen werden.

167 Zu diesem Vorgang konnten keine weiterführenden Informationen ermittelt werden.

168 Dieser nur in Fragmenten überlieferte Brief entstand, wie aus dem Folgenden hervorgeht, im Pax-Erholungsheim in Unkel, also frühestens am 25.10.1935; s. oben Anm. 165.

169 Dieser Brief wurde ergänzend von Dr. Paul Adenauer zur Verfügung gestellt.

170 Der Kölner Regierungspräsident hatte das Aufenthaltsverbot für den Regierungsbezirk Köln für den Zeitraum 24.-28.12.1935 aufgehoben; vgl. Adenauer im Dritten Reich, S. 274.

171 S. oben Anm. 131.

172 Gemeint ist Paul Franken (1903-1984), Dr. phil., 1930-1936 Geschäftsführer des Kartellverbandes der Katholischen Deutschen Studentenvereine, 1937-1939 in Schutzhaft, später als Privatlehrer tätig, 1943 als Wehrmachtsangehöriger in Italien, ab 1949 Dozent, 1950-1953 Direktor der Pädagogischen Hochschule Vechta, 1952-1963 Leiter der Zentrale für den Heimatdienst, 1963-1968 Direktor der Bundeszentrale für politische Bildung. – Zur Verbindung Adenauer-Franken die Belege in: Adenauer im Dritten Reich, S. 16f., 277f., 296, 309, 321, 384-386, 393. Vgl. auch die Angaben von Michael F. Feldkamp in: Christliche Demokraten gegen Hitler, S. 172-178, hier S. 174f.

173 Anwälte Adenauers im Rechtsstreit mit der Stadt Köln (in dem es 1934-1937 um den Zwangsverkauf der beiden Adenauer-Häuser Max-Bruch-Straße 4 und 6 sowie um die Ruhestandsbezüge ging): Friedrich Manstetten (1888-1968) Dr. jur., seit 1919 Rechtsanwalt beim Oberlandesgericht Köln, dort 1932/33 Stadtverordneter für das Zentrum, 1945-1950 erneut Vertreter Adenauers in der Auseinandersetzung mit der Stadt Köln. – Ernst Schwering (1886-1962), Dr. jur., 1926-1933 Beigeordneter der Stadt Köln, 1933-1945 im Ruhestand, 1945/46 erneut Beigeordneter, 1948/49 Bürgermeister, 1949/50 und 1951-1956 Oberbürgermeister von Köln.
Zum Rechtsstreit die Belege in: Adenauer im Dritten Reich, S. 237, 243f., 247f., 266f., 271f., 297-299, 302, 304f., 312-316, 318.

174 Zu dieser Fahrt, aus Anlaß des 60. Adenauer-Geburtstages am 5.1.1936, der

Bericht Frankens: „So holte ich dann an diesem Tage morgens Frau Adenauer und die Tochter Ria aus erster Ehe in Rhöndorf ab. In Unkel wurden wir bereits erwartet. An diesem Tage wollte Konrad Adenauer die Richtung der Reise bestimmen dürfen. Da ich dies bei meinen Fahrten mit ihm schon mehrfach erlebt hatte, fand ich dabei nichts Besonderes. Von Niederlahnstein aus ging es ins Moseltal. Wir hielten in Cochem. Er machte den Vorschlag, in einem der dortigen Hotels zu Mittag zu essen. Als wir das Hotel betraten, fanden wir eine für vier Personen besonders geschmückte Tafel. Auf meinen erstaunten Blick sagte er, daß es jetzt wohl Zeit sei, das Geheimnis zu lüften. Er feiere an diesem Tage seinen 60. Geburtstag. Beim Essen sprach er von seinem 40. und schilderte genau den Verlauf seines 50. Geburtstages. Den Nachmittag verbrachten wir, wie schon häufiger, bei seinem alten Jugendfreund, dem Abt Ildefons Herwegen in Maria Laach. Konrad Adenauer war ernst. Wir sprachen von der Möglichkeit, ob er wohl seinen 70., ja vielleicht seinen 75. Geburtstag erleben werde. Von seinem 80. Geburtstag sprach niemand. Auch der Abt war ernst. Längst waren das Frühjahr und der Sommer 1933 vorüber, wo anti-demokratische Grundinstinkte eines Teiles des deutschen Adels Hitler so stark unterstützt hatten. Über den Juli 1933 wurde gesprochen. Damals hatte sich ein bestimmter anti-demokratischer Kreis katholischer Intellektueller in der Abtei getroffen [s. oben Anm. 76] und Herrn von Papen zum Abschluß seines Konkordats beglückwünscht. Einer dieser katholischen Adligen – sein Name sei schamhaft verschwiegen – erklärte, das Einzige, was er an diesem Konkordat bedauere, sei, daß es nicht die Verpflichtung enthalte, nach jeder Messe ein Gebet für den ‚Führer' beten zu müssen. Der Abt selbst hatte unterdessen schwere Monate hinter sich. Auch er hatte längere Zeit sein Kloster verlassen müssen, weil sein Leben zeitweise ernstlich durch die Nazis bedroht war" (a. a. O., S. 277f.).

175 Theodor Bogler, Soldat und Mönch. Ein Bekenntnisbuch, Köln [2]1937. – Zum Autor, dem Benediktiner Bogler (1897-1968), die Angaben von Friedrich Wilhelm Bautz in: Biographisch-Bibliographisches Kirchenlexikon, Bd. I (1990), Sp. 671-673.

176 Johannes Adenauer (1873-1937; Prälat, Domkapitular in Köln) war am 4.3.1937 verstorben; vgl. Adenauer im Dritten Reich, S. 307f., 617f.

177 Adenauer hatte das Ehepaar Pferdmenges kurz zuvor auf dem Gut Lindenberg im Kreis Beestrum bei Berlin besucht; dazu sein Dankschreiben vom 20.3.1937 an Robert Pferdmenges a. a. O., S. 308f.

178 Die Gartenarbeit in Rhöndorf nimmt von nun an, unmittelbar vor dem Einzug in das neu errichtete Wohnhaus im Dezember 1937, breiteren Raum im Briefwerk Adenauers ein; dazu die Belege (Briefe, Aufzeichnungen, Fotos) in: Adenauer im Dritten Reich, u. a. S. 320, 356. Vgl. auch die Abbildungen aus dem Gartenbuch Adenauers auf S. 132f.

179 Vermutlich gemeint: Ludovica Marie Auguste Seligmann geb. von Issendorff (1894-1959), ab 1922 in zweiter Ehe verheiratet mit dem Inhaber des Kölner Bankhauses Leopold Seligmann, Paul Seligmann (1875-1944), 1913-1932 Mitglied der Industrie- und Handelskammer Köln. – Zu diesem Vorgang

konnten keine weiterführenden Informationen ermittelt werden. Hinweise auf die nach 1933 beibehaltenen Verbindungen Adenauers und seiner Familie zu jüdischen Bürgern bei Hans Peter Mensing, Adenauers Beziehungen zu jüdischen Bürgern während seiner Kölner Oberbürgermeisterzeit und im Dritten Reich, in: Hanns Jürgen Küsters (Hrsg.), Adenauer, Israel und das Judentum. Rhöndorfer Gespräche, Bd. 20, Bonn 2004, S. 117-136.

180 Die Anlage ist nicht überliefert.

181 „Ein Deutsches Requiem", 1868 uraufgeführtes Werk von Johannes Brahms (1833-1897). Textauszug: „I. Chorus. Selig sind, die da Leid tragen, /denn sie sollen getröstet werden. /Die mit Tränen säen,/werden mit Freuden ernten./ Sie gehen hin und weinen /und tragen edlen Samen, /und kommen mit Freuden /und bringen ihre Garben" (Matth. 5,4; Ps.126, 5.6).

182 Franz Lenze (1878-1937), Dr.-Ing. E. H., seit 1906 Mitarbeiter von August Thyssen, langjähriger Generaldirektor der Thyssen'schen Gas- und Wasserwerke in Hamborn. – Adenauers zeitweise enge Verbindung zu Lenze ist dokumentiert in: Adenauer im Dritten Reich, S. 249, 260, 268, 279, 287, 588, 597, 617.

183 Zum USA-Aufenthalt von Max Adenauer (nach dessen Studienabschluß an der Universität Köln, mit der Rechtswissenschaftlichen Dissertation vom 19.2.1936: Der Zeitpunkt des guten Glaubens beim Eigentumserwerb von Nichtberechtigten) die Belege in: Adenauer im Dritten Reich, S. 310, 321, 619, 626.

184 Sir Douglas Haig, 1. Earl Haig (1861-1928), 1915-1918 Oberbefehlshaber der britischen Streitkräfte an der Westfront. – Adenauer lag vermutlich vor: Duff Cooper, Haig: Ein Mann und eine Epoche, übersetzt von Fritz von Bothmer, Berlin [1937].

185 Die Memoiren des französischen Generals und Staatsmanns Armand de Caulaincourt (1772-1827) erschienen 1837-1840 unter dem Titel „Souvenirs du duc de Vicence", herausgegeben aus den nachgelassenen Papieren von Charlotte de Sorin. Eine authentische Neuausgabe wurde 1933 unter dem Titel „Mémoires du général de grand écuyer de l'Empereur" (Paris 1933) veröffentlicht.

186 Hierzu eine im Februar 1934 von Dora Pferdmenges angefertigte Aufzeichnung über den gemeinsamen Besuch einer Galerie in Berlin: „Am 1.2.34 bin ich auf Bitten des Herrn Dr. Adenauer mit ihm zur Galerie Haberstock, Berlin, Bellevuestraße gegangen. Herr Adenauer sagte mir, daß dort ein ihm gehöriges, mir bekanntes Gemälde, einen Mann in reicher Tracht darstellend, näher untersucht werden solle. Herr Haberstock halte das Bild für einen echten Rembrandt, es habe sich auf ihm eine Signierung ‚Rembrandt 1640' gefunden, die Haberstock nicht für echt halte . Diese Signierung solle heute untersucht werden. Wir trafen in der Galerie außer Herrn Haberstock noch zwei Herren an, die mir als Photograph Missmann und Restaurator Boehnke, beide aus Berlin, vorgestellt wurden. Das Gemälde wurde zunächst von Herrn Missmann unter Benutzung einer starken Lampe photographiert. Dann wurde

gesagt, daß nunmehr von dem Restaurator die hinter dem Namen stehende Jahreszahl ‚geputzt' werden solle. Das Putzen wurde so erklärt, daß durch Auftragen einer Flüssigkeit die Jahreszahl, falls sie später auf das Bild gesetzt worden sei, zum Verschwinden gebracht werde, während sie stehen bleiben werde, falls sie beim Malen des Bildes angebracht worden sei. Der Restaurator stellte durch Zusammengießen aus mehreren Fläschchen eine Flüssigkeit her, mit der er ziemlich robust über die die Jahreszahl enthaltende Stelle des Bildes pinselte. Dann erklärte er: ‚Die Operation ist gelungen, der Patient ist tot, die Jahreszahl ist weg.' Tatsächlich war die Jahreszahl verschwunden. Es wurde nunmehr von ihm die Frage aufgeworfen, ob er in gleicher Weise auch den Namen ‚Rembrandt' ‚putzen' solle. Er und Herr Haberstock rieten dazu, wobei der Restaurator erwähnte, es sei durchaus erlaubt, etwa durch ‚Putzen' zum Verschwinden gebrachte Schriftzeichen nachher wieder anzubringen. Herr Adenauer lehnte ab, an dem Gemälde noch etwas machen zu lassen. Es wurde dann, also nach dem ‚Putzen' der Jahreszahl, von dem Photographen eine zweite Aufnahme des Gemäldes gemacht" (Druck: Adenauer im Dritten Reich, S. 199f.).

[187] Joseph Giesen (1887-1962), ab 1918 im Dienst der Stadt Köln, 1926-1933 Gartendirektor, 1934 Entlassung, errichtete danach einen Gartenbaubetrieb in Urfeld bei Wesseling, 1945-1950 Beigeordneter der Stadt Köln (für Garten- und Friedhofsamt, Tiefbauamt, Schuttabfuhr und Fuhrpark), langjähriger Bürgermeister von Urfeld.

[188] Blaise Pascal (1623-1662), französischer Mathematiker, Physiker und Religionsphilosoph. – Aktuelle Neuerscheinung dieses Zeitraums: Blaise Pascal, Gedanken, nach der endgültigen Ausgabe [Pensées] übertragen von Wolfgang Rüttenauer, mit einer Einführung von Romano Guardini, Leipzig 1937.

[189] Heinrich Lützeler (1902-1988), Prof. Dr. phil., Kunsthistoriker; 1930-1940 Privatdozent der Philosophie in Bonn, 1940-1945 mit Rede- und Schreibverbot belegt, ab 1946 Ordinarius für Kunstgeschichte an der Universität Bonn. – Belege für die persönliche Verbindung zu Lützeler in Adenauers Briefen 1945-1947, u. a. S. 248, 319. Vgl. auch Hans Peter Mensing, Konrad Adenauer und die Universität Bonn, in: Uniclub-Heft Nr. 2, Bonn 2006, S. 14f.
Hier angesprochen: Die christliche Dichtung des deutschen Volkes, ausgewählt und eingeleitet von Heinrich Lützeler, Paderborn 1937. Vgl. auch die lebens- und werkgeschichtlichen Angaben bei Frank-Lothar Kroll (Hrsg.), Wege zur Kunst und zum Menschen. Festschrift für Heinrich Lützeler zum 85. Geburtstag, Bonn 1987.

[190] Der Vater von Dora Pferdmenges, Carl Ernst Bresges, war am 15.2.1938 verstorben.

[191] Der Titel konnte nicht nachgewiesen werden; in der Bibliothek Adenauers ist lediglich die erst im folgenden Jahr veröffentlichte Schrift nachweisbar: Heinrich Lützeler, Trost im Sterben, Freiburg/Brsg. 1939.

[192] Jean Baptist Rath (1891-1965), leitete ab 1932 die Filiale Köln der Deutschen Bank, langjähriger Vorsitzender der Vereinigung von Banken und Bankiers im

Rheinland und Westfalen, Mitglied des Vorstands der Rheinisch-Westfälischen Bank (1952-1957) und der Deutschen Bank (1957/58).

193 Druck: Adenauer im Dritten Reich, S. 363f.

194 Vermutlich gemeint: Max Kämpfer, Der deutsche Garten – Seine Geschichte, Aufgabe und Gestaltung. Mit Zeichnungen von Hans Klemme-Wolff, Stuttgart [1939; Heft 52 der „Grundlagen und Fortschritte im Garten- und Weinbau"].

195 Zum 65. Geburtstag Adenauers am 5.1.1941 sind in StBKAH 14.02 u. a. erhalten: Glückwünsche von Paul Silverberg, Lugano (Kartengruß vom 28.12.1940, nur mit Absenderangabe „P.S." und mit Stempel „Geprüft. Oberkommando der Wehrmacht"); Heinrich Hirtsiefer, Berlin-Tempelhof (3.1.1941: „Glück- und Segenswünsche in alter Verehrung"; Hirtsiefer starb am 15.5.1941 an den Folgen der Mißhandlungen im KZ Börgermoor bei Papenburg); Johannes Rings, Köln-Lindenthal (3.1.: „Dem Leitziel des großen englischen Staatsmannes Gladstone folgend..., arbeiten Sie tapfer in Garten, Wald und Feld"); Heinrich Billstein, Köln (4.1.: daß Gott „Ihnen in diesem Jahre gnädigst das Ende des furchtbaren Blutvergießens und der fanatischen und satanischen Zerstörung in der Welt, das Ende des allgemeinen Hasses und der Umkehrung aller Werte bescheren möge"); Johannes Albers, Köln (8.1.: „Ihr arbeits- und tatenreiches Leben, mit den auch vom letzten Kölner mittlerweile anerkannten außerordentlichen Erfolgen, wird wohl doch einmal die gebührende öffentliche Achtung und Anerkennung finden. Das gilt auch für die Zeit, als Sie als Oberhaupt der rheinischen Metropole bei den Siegermächten deutsche Ehre und Würde so erfolgreich wahrnahmen").

196 Otto H. Förster, Leonardo da Vinci, Hamburg [o. J.]. - Dort (S. 76) die hier von Adenauer angesprochene Sentenz: „[Die Menschen] finden kein Ende in ihrer Bosheit ... O Erde, warum öffnest du dich nicht, um den Menschen in deine tiefen Schlünde zu stürzen, damit du dem Himmel nicht mehr grausame, unbarmherzige Ungeheuer zu zeigen hast?"

197 Druck dieser Briefpassage und der nachfolgend mit < > markierten Teile: Hans-Peter Schwarz, Adenauer. Der Aufstieg, S. 411; Adenauer im Dritten Reich, S. 365f.

198 Wilhelm Schamoni, Das wahre Gesicht der Heiligen, Leipzig 1938.

199 Die Mutter von Dora Pferdmenges, Maria Bresges, war am 4.12.1940 verstorben.

200 Beim Tod seines Vaters Johann Conrad Adenauer (geb. 1833) am 10.3.1906 und seiner Mutter Helene geb. Scharfenberg (geb. 1849) am 4.11.1919.

201 Möglicherweise gemeint: Alfred Götze, Ein fremder Gast. Frau von Staël in Deutschland 1803/04. Nach Briefen und Dokumenten, Jena 1928.

202 Edwin Redslob (1884-1973), Prof. Dr. phil., Kunsthistoriker, ab 1920 Generaldirektor aller württembergischen Museen und Reichskunstwart, 1933 aus allen Ämtern entlassen, 1948 Mitinitiator der Gründung der Freien Universität Berlin, dort 1948-1954 Ordinarius für Kunst- und Kulturgeschichte, 1949/50 Rektor. – Hier angesprochen: Edwin Redslob, Die Welt vor hundert Jahren.

Menschen und Kultur der Zeitenwende um 1840, Leipzig 1940.

203 Das Amt des Oberbürgermeisters hatte nach dem Tod von Karl Georg Schmidt (1904-1940; 20.1.1937-26.11.1940 in der genannten Funktion) Peter Winkelnkemper (1902-1944) übernommen, der es nach seiner Amtseinführung am 3.1.1941 bis zu seinem Tod am 20.6.1944 ausübte; vgl. Adolf Klein, Köln im Dritten Reich, S. 254f.

204 Am 5.1.1946; Abb. und Transkription des Glückwunschschreibens vom 2.1.1946 auf S. 146f..

205 Bezieht sich auf die Wiedereinsetzung als Kölner Oberbürgermeister durch die amerikanische Militärregierung (4.5.1945) und die Entlassung aus diesem Amt durch den britischen Militärgouverneur der Nordrheinprovinz, Brigadier John Barraclough (6.10.1945); vgl. Hans Peter Mensing, „daß sich die Fama auch meiner mysteriösen Angelegenheit bemächtigt hat". Neues zur Entlassung Adenauers als Kölner Nachkriegsoberbürgermeister im Herbst 1945, in: Geschichte im Westen, Jg. 3 (1988), S. 84-98.

206 Willy Suth (1881-1956; verheiratet mit Adenauers Schwester Lilli [1879-1950]), Dr. jur. h.c., 1920-1933 Stadtkämmerer von Köln, leitete die Kölner Stadtverwaltung vom 16.3.1945 bis zur erneuten Amtsübernahme von Adenauer am 4.5.1945, im Oktober/November 1945 sein kommissarischer Nachfolger, 1946-1953 Oberstadtdirektor von Köln.

207 Zur Goldenen Hochzeit des Kölner Bankiers Johann Heinrich von Stein (1869-1951) und seiner Ehefrau Adele Susanne von Stein geb. Rautenstrauch.

208 Im Parlamentarischen Rat, der seit dem 1.9.1948 unter seinem Präsidenten Adenauer das Grundgesetz erarbeitete (Unterzeichnung und Verkündung am 23.5.1949).

209 W. Henry Alexander Bishop (1897-1984), 1946-1948 stellvertretender Stabschef der Control Commission for Germany (British Element), 1948-1950 Regional Commissioner (Gouverneur) von Nordrhein-Westfalen. – Zu den Kontakten Adenauer-Bishop und zu ihrer Korrespondenz dieses Zeitraums die Belege in: Briefe 1947-1949, u. a. S. 382-384, 393f., 634.

Dora Pferdmenges vor 1960

Anhang

„... als nationaler Schädling verfemt ...“

Adenauers Anlage zu einem 1946 ausgefüllten Fragebogen

Von März 1933 an wurde mir der Aufenthalt in Köln verboten. Am 30.6.1934 wurde ich in Neubabelsberg bei Berlin verhaftet aus Anlaß der Röhm-Affäre, mit Erschießen bedroht, nach einigen Tagen aber wieder freigelassen. 1935/36 wurde ich neun Monate aus dem Regierungsbezirk Köln ausgewiesen, nachdem ich im Mai 1935 nach Rhöndorf/Honnef gezogen war. 1944 wurden mehrmals bei mir Haussuchungen gehalten, seitens der Gestapo, im Juli 1944 durch 7 Beamte des SD und der Gestapo. Im August 1944 wurde ich verhaftet und in das Konzentrationslager Messe gebracht. nach 14 Tagen wurde ich wegen lebensgefährlicher Erkrankung entlassen. Ich hielt mich 14 Tage in einer Mühle bei Hachenburg/Westerwald verborgen. Es wurden dann meine Frau und meine beiden Töchter verhaftet, um auf diese Weise meinen Aufenthalt zu erfahren. Ich wurde dann ebenfalls verhaftet und in das Gestapo-Gefängnis Brauweiler gebracht. Dort wurde ich am 26.11.44 entlassen. Es wurde mir dabei eröffnet, daß ich bei Annäherung der alliierten Armeen sofort wieder verhaftet werden würde. Im Januar 1945 wurde mir und meiner Frau seitens der Gestapo in Köln ebenfalls wieder Verhaftung angedroht.

Seit März 1933 war mir jede Tätigkeit irgend welcher Art unmöglich gemacht. Der damalige Gauleiter Grohé erklärte März und April 1933 in öffentlichen Reden, daß ich als nationaler Schädling verfemt und ausgestoßen sei. Jeder, der für mich eintrete oder irgend eine Verbindung mit mir unterhalte, werden in gleicher Weise behandelt werden. Infolgedessen wurde ich wirtschaftlich und gesellschaftlich völlig boykottiert. – Noch in der zweiten Hälfte des Jahres 1943 wurde mein ältester Sohn, der kaufmännischer Direktor der Waggon-Fabrik Talbot in Aachen war, vertragswidrig von dem Leiter der Gesellschaft mit der Begründung, daß er als mein Sohn für das Unternehmen nicht tragbar sei, mit Hilfe des Kreisleiters Schmeer in Aachen aus seiner Stellung herausgebracht.

Die Stadt Köln hat mich vermögensrechtlich sehr geschädigt. Schließlich hat mich der damalige Oberbürgermeister Schmidt durch die Drohung, daß mir, wenn ich auf den von ihm gemachten Vergleichsvorschlag nicht eingehe, große Unannehmlichkeiten erwachsen würden, gezwungen, einen Vergleich mit der Stadt Köln abzuschließen, durch den ich 37% des Betrages erhielt, den die damalige Rechtskommission der Stadt Köln, die nur aus Parteimitgliedern bestand, mir zugebilligt hatte. – Da es wegen der über mich ausgesprochenen Verfemung für mich unmöglich war, mit Aussicht auf Erfolg irgendeinen Rechtsstreit zu führen, hat die Deutsche Bank, Berlin, deren Kunde ich seit langen Jahren war, meine völlig einwandfreien Ansprüche aus diesem Kundenverhältnis rücksichtslos abgewiesen und mir dadurch auch erhebliche Vermögensschäden zugefügt.

Abt Ildefons Herwegen zum Aufenthalt Adenauers in Maria Laach

Ein Bild der damaligen Stimmung geben die Vorkommnisse, die sich um die Person des Kölner Oberbürgermeisters K. Adenauer abspielten. Er wurde von der Partei derartig verfolgt und beschimpft, daß er sein Haus verlassen und in das Caritashaus flüchten mußte. Man warf ihm Unterschleife und Betrügereien zuungunsten der Stadt vor und scheute sich nicht, mit Lautsprecher durch die Stadt zu fahren und ihn als Vaterlandsverräter und Separatisten, als Förderer der Korruption auf den Straßen anzuprangern. Wie ernst die Situation war, ergibt sich aus der Tatsache, daß die einzelnen Gruppen der SA, die in geschlossener Formation gelegentlich einer Besichtigung an dem Prinzen August Wilhelm vorbeizogen, laut die ausgegebene Forderung schrien: „Adenauer an die Mauer!" Während meines Aufenthaltes in Lichtental im März 1933 wurde mir von Laach aus ein Brief Adenauers nachgesandt, in dem er mich für einige Wochen Asyl in der Abtei bat. Dies auf Grund unserer Schulgemeinschaft am Apostelgymnasium, wo wir auch zusammen zur ersten heiligen Kommunion gingen. Wenn auch unsere persönlichen Beziehungen lange unterbrochen blieben, so lebten sie wieder auf, als er Oberbürgermeister von Köln wurde. Ich schrieb ihm umgehend, daß er bei uns herzlich willkommen sei. Bei meiner Heimkehr fand ich ihn schon im Kloster anwesend. Ich begab mich sofort zum Oberpräsidenten Lüninck nach Koblenz, um ihm von dem Aufenthalt Adenauers bei uns Mitteilung zu machen. Das erste Mal begegnete ich ihm bei dieser Gelegenheit als Oberpräsidenten und beglückwünschte ihn zu seiner Ernennung, fügte aber hinzu, daß wir den Abgang des Herrn Fuchs lebhaft bedauerten, da wir uns ihm für sein uns stets erwiesenes Wohlwollen zu Dank verpflichtet fühlten. „Ja", antwortete er, „wenn ich vorher hier gesessen hätte, dann würde wohl heute Herr Fuchs hier sitzen. So bringen es die politischen Wandlungen mit sich. Bezüglich nun der Angelegenheit, die Sie hierher führt, muß ich Sie darauf aufmerksam machen, daß Sie mit der Aufnahme Adenauers Ihrem Kloster keinen guten Dienst erwiesen haben. Es wird Stellen geben, die Ihnen das übel vermerken." Darauf entgegnete ich, mir käme es zunächst nur darauf an, daß er selbst Verständnis dafür hätte, wie man sich einem Jugendfreunde gegenüber in Zeiten der Not zu verhalten habe. Für mich sei die gastliche Aufnahme Adenauers keineswegs eine politische Angelegenheit, sondern eine rein persönliche. Die Folgen müßte ich dann eben auf mich nehmen. ich hätte nur den einen Wunsch, daß, wenn es zu einer Verhaftung Adenauers kommen sollte, man mich darüber vorher verständige, damit der Vorgang nicht zu einer Aufregung des ganzen Klosters führe. Darauf erwiderte Lüninck, er glaube nicht, daß mit einer Verhaftung zu rechnen sei. Im übrigen gehöre das zum Ressort des Regierungspräsidenten von Köln. Er werde den selben heute noch sehen und ihn über das verständigen, was ich ihm mitgeteilt habe. Kurz darauf besuchte mich der Regierungspräsident zu Bonsen von Köln, mit dem ich alsdann die Angelegenheit Adenauer besprach. ...

Der Aufenthalt Adenauers bei uns, der statt einiger Wochen über ein Jahr gedauert hatte, fand noch einmal einen Einspruch von seiten der Geheimen Staatspolizei. Um Epiphanie des Jahres 1934 tagte hier der Hauptvorstand der rheinisch-westfälischen Schützenvereinigung unter dem Vorsitz des Fürsten Salm zur Beratung der Abänderungen, die an den Satzungen auf Grund der neuen Reichsverfassung durchgeführt werden mußten. Die Gestapo hatte von dieser Zusammenkunft Kenntnis erhalten und sandte einen Standartenführer der SS zur Beobachtung der Tagung hierher. Nach einer persönlichen Unterredung mit dem Fürsten Salm wohnte er der letzten Sitzung in der Aula bei. Der Ton der Verhandlungen war ein so vornehmer, daß von irgendwelchen Beanstandungen keine Rede sein konnte. Unmittelbar nach Schluß der Sitzung bat mich der Standartenführer um eine persönliche Unterredung. Hierbei forderte er sogleich: „Sie müssen dafür sorgen, daß der Oberbürgermeister Adenauer hier verschwindet, widrigenfalls Sie Unannehmlichkeiten haben werden."

In kurzen Worten unterrichtete ich den Standartenführer über meine persönlichen Beziehungen zu Adenauer und sagte dann: „Da Sie selbst vom Gymnasium her auch noch Freunde haben, denen Sie gewiß in einer Notlage Ihre Hilfe nicht versagen würden, so werden Sie begreifen, daß ich mein Wort halten muß, das ich meinem Gaste gegeben habe, er könne hier bleiben, so lange er es für notwendig halte. Ich werde ihn auf keinen Fall auffordern, mein Haus zu verlassen. Wenn Sie ihm sagen wollen, daß er hier abreisen soll, so tun Sie das bitte. Ich würde Ihnen aber empfehlen, Ihre vorgesetzte Stelle darauf hinzuweisen, daß Adenauer selbst ein Disziplinarverfahren gegen sich beantragt hat, das schon über ein halbes Jahr läuft. Man möge also den Ausgang dieser von dem Ministerpräsidenten H. Göring zu entscheidenden Untersuchung abwarten und dann über seinen Aufenthaltsort befinden." Er war so einsichtig zuzugestehen, daß er meine Auffassung respektiere und vorläufig in diesem Sinne berichten werde.

Aus: Emmanuel von Severus, Im Schatten der Welt- und Kirchenpolitik. Aus den Erinnerungen des Abtes Ildefons Herwegen, in: ders. (Hrsg.), Ecclesia Lacensis. Beiträge aus Anlaß der Wiederbesiedlung der Abtei Maria Laach durch Benediktiner aus Beuron vor 100 Jahren am 25. November 1892 und der Gründung des Klosters durch Pfalzgraf Heinrich II. von Laack vor 900 Jahren 1093, Münster 1993, S. 402-435, hier S. 425-427.

Das Adenauer-Itinerar 1933 – 1949

1933

7. Februar
Ansprache bei einer Wahlkampfveranstaltung der Rheinischen Zentrumspartei: „Diejenigen, die jetzt von der Rechten aus am Rechtsgedanken rütteln, begehen die schwerste Sünde, die ein Mensch oder eine Partei an der Seele des Volkes begehen kann.“

17.-19. Februar
Gibt beim Besuch Adolf Hitlers in Köln den Auftrag, Hakenkreuzfahnen auf der Deutzer Hängebrücke entfernen zu lassen.

25. Februar
Im Gespräch mit Reichsminister Hermann Göring sichert dieser zu, „daß gegen jeden Übertreter von Gesetzen, gleichgültig welcher Partei er angehört, vorgegangen würde.“

9. März
Der nationalsozialistische „Westdeutsche Beobachter“ in einer Sonderausgabe zur Kommunalwahl am 12.3.1933: „Fort mit Adenauer! Schluß mit der schwarz-roten Korruptionsmehrheit! Herunter mit den Riesengehältern! Nationalsozialisten ins Kölner Rathaus!“

13. März
Mitteilung des Kölner Regierungspräsidenten Elfgen an Reichsminister Göring: „Ich habe den OB Dr. Adenauer inzwischen beurlaubt, da die Gesamtlage sonst nicht mehr zu meistern war.“ Polizeifunkspruch Görings zur Beurlaubung Adenauers und anderer führender Kommunalpolitiker (auch der Oberbürgermeister Landmann, Reuter, Brauer und Lueken in Frankfurt/Main, Magdeburg, Altona und Kiel).

14. März
„Ungeheurer Jubel Kölns über die Verjagung Adenauers“ („Westdeutscher Beobachter“).

16. März
In Berlin: Gespräch mit Reichsminister Göring, der die Einsetzung einer Kommission zur Prüfung der gegen Adenauer gerichteten Vorwürfe ankündigt.

21. März
„Verbrecherbrief" des kommissarischen Kölner Oberbürgermeisters Günter Riesen; Vorwurf der Verbrechen an Volk, Stadt, Religion, Untergebenen, eigener Familie und Frau.

4. April
Verfügung des Kölner Regierungsvizepräsidenten zur Einleitung des Dienststrafverfahrens, mit der Anordnung, „daß Ihnen mit Wirkung vom 1.5.1933 Ihr Diensteinkommen zur Hälfte einbehalten wird."

12. April
Begegnung mit seinem amerikanischen Freund Dannie N. Heineman in Berlin. – Adenauer in seinen „Erinnerungen 1953-1955": „... er könne sich denken, daß ich finanziell in einer ernsten Situation sei. Er habe mir einen Betrag von 10 000 Reichsmark mitgebracht, damit ich nicht in Schwierigkeiten komme."

17. April
Bittet Abt Ildefons Herwegen, ihm für ein bis zwei Monate einen Aufenthalt in Maria Laach zu ermöglichen: „Ich hätte dort die Stille, insbesondere auch die geistige Atmosphäre, deren ich zu meiner körperlichen und seelischen Erholung nach dem, was ich habe durchmachen müssen, dringend bedarf, und wäre anderseits nicht zu weit von Köln fort."
Leitet in Berlin dem Untersuchungsführer im Dienststrafverfahren, Ministerialdirektor z. D. Adolf Miller, eine umfangreiche Rechtfertigungsschrift zu: „... wie hart mich ein solcher Vorwurf trifft, nachdem ich 36 Jahre im staatlichen bezw. kommunalen Dienst verbracht und insbesondere in den fast 16 Jahren, die ich nunmehr Oberbürgermeister der Stadt Köln bin, im Kriege, im Zusammenbruch, während der Besatzungszeit und später meinem Amte und darüber hinaus dem Rheinland und der deutschen Sache am Rhein unter Einsatz meiner ganzen Persönlichkeit und mit vollster Hingabe und Kraft gedient habe."

hätten und daß Hitler und der Nationalsozialismus nichts anderes wollten als Krieg"(1945 in einem Privatbrief rekonstruiert).

1. Mai-25. April 1935
Lebt mit seiner Familie in Neubabelsberg (Augustastraße, heute Rosa-Luxemburg-Straße 40).

4. Juni
Die Dienststrafkammer bei der Regierung Köln teilt die Einstellung des Dienststrafverfahrens mit.

30. Juni
Verhaftung durch die Gestapo nach dem „Röhm-Putsch", dann bis zum 2.7. in Haft. – Paul Adenauer 1987: „... hörten nichts weiter, außer, daß der Vater im Gefängnis in Potsdam sei. und dann kam er plötzlich nach drei oder vier Tagen zurück; er sah bleich aus und sprach nicht viel davon. Was ich erfuhr, das war, daß er da ins Gefängnis geschafft worden sei und unterwegs schon gedacht habe, man würde ihn erschießen, als das Auto an einem Waldstück hielt. Dann habe man ihn aber doch dahin gebracht und habe in verhört, aber er habe ja nichts damit zu tun gehabt, mit diesem Putsch."

10. August
Bittet den Preußischen Innenminister um Nachprüfung der Entscheidung, ihn aufgrund des § 4 des Gesetzes zur Wiederherstellung des Berufsbeamtentums aus dem Dienst zu entlassen: „Die ... Kennzeichnung als national unzuverlässig ist für mich und meine Familie – ich habe sieben Kinder – in höchstem Maße schmerzlich und unverdient. Ich glaube sagen zu dürfen, daß ich mir unter den schwierigsten Verhältnissen erhebliche Verdienste um die Rettung der Deutschen Rheinlande erworben habe."

September
Urlaubsaufenthalt in Kappel bei Lenzkirch im Schwarzwald.

17.-25. November
Aufenthalt in Maria Laach.

1935

Anfang 1935
Aufenthalt in der Benediktinerinnen-Abtei vom Heiligen Kreuz Herstelle.

14. März
Reist mit seiner Frau nach Köln; Besuch bei seinem Bruder Johannes, danach kurzer Aufenthalt im Leonardus-Stift in Plittersdorf, zur Vorbereitung der Rückkehr ins Rheinland.

Ende April
Umzug mit der Familie von Neubabelsberg nach Rhöndorf; bewohnt dort zunächst für ca. 2 1/2 Jahre das Haus Löwenburgstraße 76.

21. Mai
Die Staatspolizeistelle für den Regierungsbezirk Köln bittet den Landrat in Siegburg, „Adenauer vertraulich überwachen zu lassen, um festzustellen, ob er eine Beschäftigung ausübt und mit welchen Personen er in Verbindung steht."

8. Juli
Der Rhöndorfer Junggesellen-Schützenverein bringt „gelegentlich der Kirmes dem ehemaligen Oberbürgermeister Adenauer, der in Rhöndorf seit kurzem seinen Wohnsitz hat, ein Ständchen. Diese Junggesellen veranstalteten zu Ehren Adenauers ein Fähndelschwenken, und die Feuerwehrkapelle spielte dabei auf. Zum Schluss spielte diese Kapelle den Badenweiler Marsch" (Darstellung des NSDAP-Kreisleiters).

10. August
Nach der „Schützen-Affäre": Ausweisung aus dem Regierungsbezirk Köln; der Kölner Regierungspräsident verbietet ab 20.8. jeden Aufenthalt im Regierungsbezirk, droht bei Verstoß Zwangsgeldverhängung und Schutzhaft an.

19. August
Polizeiliche Abmeldung aus Honnef-Rhöndorf; zieht sich zunächst nach Maria Laach zurück.

22. August
„... ich bin doch durch die ganze Sache sehr mitgenommen, und mein Befinden und mein Schlaf ist entsprechend. Auch die – von Dir so mit Unrecht gefürchtete – Atmosphäre des Klosters kam dagegen – gegen meine Stimmung – noch nicht an. Aber man muß lernen, auf Gott zu vertrauen, und man darf in seinen Bemühungen nicht nachlassen. ... Es ist sehr hart, und am härtesten ist die Ungewissheit, auf wie lange? – Ich bin noch immer ziemlich aus dem seelischen Gleichgewicht. ... – Halte Du nur jetzt alles aufrecht, und halte den Kopf hoch, und glaube mir: den Glauben an Gott muß ich mir auch jeden Tag neu belegen und neu erkämpfen" (an seine Frau).

29. August
„Es steht zur Zeit so mit mir: Ich bin durch diese neue sinnlose, zwecklose Verfolgung, die man nicht irgendwie mit Überschwang der Revolution begründen oder erklären kann, auf das tiefste verbittert. Ich bin auch religiös ganz verstört und aus dem Gleichgewicht gebracht. Ich will versuchen, in Maria Laach zuerst mein Inneres, mein religiöses Gleichgewicht wiederzufinden, dann will ich etwas für meinen Körper tun. Das Bestreben, mein inneres Gleichgewicht wieder zu finden, ist es, was mich in erster Linie dort festhält. Erst dann hat es auch Zweck, daß ich körperlich etwas für mich tue. – Wir wollen aber, liebe Frau, alle beide den Kopf unentwegt hochhalten, für uns beide und für unsere Kinder! – Ich glaube auch, daß das jetzt nur eine vorübergehende Sache ist. – Wir wollen beide das Leid so tragen und so wenden, daß es uns zum Segen wird" (an seine Frau).

19. September-24.Oktober
Aufenthalt in Freudenstadt/Schwarzwald.

25. Oktober - 8. April 1936
Aufenthalt im Pax-Erholungsheim in Unkel/Rhein.

15. Dezember
Gesuch um Aufhebung des Aufenthaltsverbots für die Weihnachtstage.

24.-28. Dezember
Verbringt nach Aufhebung des Aufenthaltsverbots das Weihnachtsfest bei der Familie in Rhöndorf.

1936

9. April
Nach Aufhebung des Aufenthaltsverbots: Rückkehr zur Familie nach Rhöndorf. Kauf des Grundstücks am Zennigsweg.

15. Mai - 12. Juni
Aufenthalt in Freudenstadt/Schwarzwald.

8.-27.September
Urlaubsreise mit seiner Frau und Ilse und Josef Busley durch Südwestdeutschland (Lindenfels-Heidelberg-Blaufelden-Heidenheim-Ettal-Wasserburg-Überlingen-Titisee).

1937

Januar
Die Vorbereitungen zum Bau des Wohnhauses am Rhöndorfer Zennigsweg beginnen.

8. März
Nimmt an der Trauerfeier für seinen am 4.3. verstorbenen Bruder Johannes teil; erstes öffentliches Auftreten in Köln seit März 1933.

18.-20. März
Aufenthalt in Berlin; besucht auf dem Gut Lindenberg (Kreis Beestrum) Dora und Robert Pferdmenges.

28. August
Im Bonner Rathaus: Vergleich mit dem Kölner Oberbürgermeister Karl

Georg Schmidt über seine Forderungen an die Stadt Köln: „Er habe den Wunsch, die Sache aus der Welt zu schaffen, er könne aber, da es sich bei mir um einen politischen Gegner des Nationalsozialismus handelte, juristischen und Billigkeitsgründen nur bis zu einer gewissen Grenze Raum geben, darüber hinaus könne er nicht gehen, da das von den Leuten, denen, ob mit Recht oder mit Unrecht, sei gleichgültig, meine Amtszeit als mit Schuld beladen erscheine, nicht verstanden werden würde." Adenauer 1945 zum Inhalt des Vergleichs: „Danach habe ich die beiden Häuser [Max-Bruch-Straße 4 und 6] der Stadt verkauft zum Preise von RM 170.000.- Hierauf kamen in Anrechnung die auf dem Hause lastenden Hypotheken von RM 103.000.- In bar wurden mir gezahlt RM 80.000.- als sogenannte anteilige Werterstattung. Das sollte der Betrag sein, der meine Entschädigung aus dem Auftrage darstellen sollte. Ferner wurden mir gezahlt RM 73.886.-, darin waren enthalten an rückständigem Ruhegehalt RM 26.349.- Der Rest war der nach Aufrechnung der Hypotheken übrigbleibende Betrag für den Verkauf der Häuser." Dort am gleichen Tag: standesamtliche Trauung seiner Tochter Ria mit Walter Reiners (Heirat am 2.9. in Maria Laach).

13. Dezember
Polizeiliche Ummeldung zum Umzug in Rhöndorf (nach Fertigstellung des Hauses am Zennigsweg).

1938

13./14. Juni
Ihn besucht in Rhöndorf Professor Fritz Schumacher (der 1920-1923 als Beigeordneter der Stadt Köln maßgeblich an der Errichtung des Grüngürtels beteiligt war).

8.Juli - 10. August
Urlaubsreise in die Schweiz, Aufenthalt in Chandolin.

August
Ihn besucht in Rhöndorf der amerikanische Historiker Professor Dr. George N. Shuster. Auf dessen Hinweis, „für viele nichtdeutsche Historiker sei wohl der Aufstieg der Nazis zur Macht nichts als ein Deckmäntelchen, unter dem die Herren von Industrie und Armee

aus der Niederlage wieder zur Macht strebten, sagte Adenauer, seine eigene Erfahrung beweise die Unhaltbarkeit dieser Theorie. Nach der Niederlage von 1918 sei die deutsche Heeresleitung völlig handlungsunfähig und vor Angst wie gelähmt gewesen. Sie habe die Revolution für unausweichlich gehalten und nur die höchsten Offiziere in Sicherheit zu bringen versucht. ... Wer sich so verhalte, lauere nicht auf eine günstige Gelegenheit zum Losschlagen, sondern bange nur um seinen Kopf. Das komme davon, wenn man jahrelang völlig vom Volk abgeschnitten und ohne jeden Kontakt mit der politischen Wirklichkeit lebe" (aus einer späteren Niederschrift Shusters).

September
Ihn besucht in Rhöndorf der mit der Familie Adenauer befreundete niederländische Unternehmer Wim J. Schmitz.

1939

14. Januar
Gespräch mit General Hans Günther von Kluge bei einem Empfang des Industriellen Peter Klöckner in Haus Hartenfels bei Duisburg. Legt ihm dar: „Das ist doch heller Wahnsinn, was da gemacht wird! Sie konnen sich doch nicht vorstellen, daß Deutschland die ganze Welt besiegt, und wenn die amerikanische Macht da ist, dann hört es doch auf. Die Antwort, die ähnlich gegeben wurde vor 1914: Wir würden einen nach dem anderen besiegen; das gehe so schnell, daß Amerika zu spät komme und dann nichts tun könne" (nach der Erinnerung im Teegespräch vom 31.7.1959):

Juni
Erscheint in den Listen, die zur „Erfassung führender Männer der Systemzeit" durch den Reichsführer-SS und Chef des Sicher-heitshauptamtes erstellt werden. – „Ich glaubte, daß ich in den ersten Tagen nach Kriegsausbruch verhaftet und fortgeschafft werden würde. Jahre später hörte ich, daß ich als Erster nach der für die Rheinprovinz aufgestellten Liste der bei Ausbruch des Krieges zu Verhaftenden gestanden hatte, daß mein Name aber durchgestrichen worden war. Ich habe niemals in Erfahrung bringen können, wer mich damals vor dem sicheren Tode gerettet hat" (am 4.1.1961 im Gespräch mit Ludwig von Danwitz).

August/September
Urlaubsreise in die Schweiz. – Während der Rückreise Aufenthalt am Bodensee – am 7.9. in Lindau, am 8.9. in Ulm.

19. Oktober
An Walter Braunfels: „Wir merken allerhand vom Kriege, viel durchmarschierende Truppen, Flugzeuge, deutsche und feindliche Flakfeuer. Bei günstigem Wind hören wir auch das Artilleriefeuer der Westfront. – Alles in allem: ich glaube, zur Zeit sind Sie am Bodensee besser daran als hier, wo alles Aufmarschgebiet ist."

1940

21. März
„... es ist sehr einsam geworden infolge der Verkehrsschwierigkeiten und der Verdunkelung, man muß in sich hineinhorchen, um Herr zu bleiben, und die Zukunft steht sehr ernst vor einem. Ich finde es – wenigstens für mich gilt das – so außerordentlich schwer, geistig frisch und produktiv zu bleiben, weil alles, was ich tue, so fern ab von dem liegt, was mich früher ausfüllte, vom ‚handeln' . Jetzt kann man nur betrachten, und das ist schwer" (an Walter Braunfels).

Juni
Aufenthalt in Südwestdeutschland (u. a. in Schwäbisch Gmünd, bei seinem dort stationierten Sohn Max).

1941

7. November
„Die große Kunst, die man lernen muß, ist das innere eigentliche Sein niemals vom Getriebe des Tages ersticken zu lassen. Das war auch die große Gefahr meiner früheren Tätigkeit, gegen die ich immer mit Gewalt ankämpfen musste" (an seinen Sohn Paul).

1942

1./2. April
An Walter Braunfels: „... wenn man doch schon dieses Alter erreicht hat, dann empfindet man es doppelt hart, daß der letzte Lebensabschnitt von diesem Weltgeschehen erfüllt ist. ... Dieser Sommer wird ja nun wohl die Entscheidung bringen, wenn auch vielleicht noch kein Ende des Krieges, so doch die Entscheidung. Wenn man bedenkt, daß in vier bis fünf Monaten alles vorbei sein wird, und wenn man weiter sieht, wie wenig die Menschen sich der Größe und der Tragik der Entscheidungen unserer Zeit bewusst sind, dann ..., ja man verstummt."

2. Juli
Nach britischen Bombenangriffen an Wim J. Schmitz: „Was die Engländer Köln angetan haben, hat mich sehr geschmerzt. Es ist wirklich furchtbar. Wenn man seine ganze Arbeit einer Stadt gewidmet hat, trifft es einen besonders schwer."

Oktober
Kurzer Aufenthalt in Köln; erstmals seit 1933 wieder in der Max-Bruch-Straße, stellt schwere Kriegsschäden an seinem ehemaligen Wohnhaus fest.

1943

23. April
„Ostern ist ein so von Hoffnung getragenes Fest, die Natur ist diesmal so überreich an Schmuck und Fülle, und die Menschheit ist so zerrissen und von Vernichtungswillen erfüllt, daß einen diese entsetzliche Dissonanz tief erschüttert. Aber einmal wird doch wieder Friede sein, gebe Gott schon in diesem Jahr, unmöglich ist es wohl nicht" (an Walter Braunfels).

6. Juli
Nach dem britischen Bombenangriff auf Köln an Hans Fuchs: „Ich war noch nicht in Köln, man kann schwer hin, und weite Teile sind abgesperrt. Aber nach allen, sehr zahlreichen Berichten, die ich

bekommen habe, ist es eine schreckliche Katastrophe. Unser ganzes Rheinland! – Die armen Kölner sind wie von Sinnen, man kann es verstehen."

September
Gespräch mit Paul Franken in Rhöndorf: „Dieser Krieg muß restlos zu Ende gehen, damit es keinen Kriegsschuldkomplex gibt" (nach einem 1970 geführten Interview Frankens)

1944

23. Juli
Nach dem gescheiterten Attentat auf Hitler (20.7.): Hausdurchsuchung durch den Sicherheitsdienst Bonn: „... man interessierte sich ... sehr für jedes Papier, das ich in meinem Zimmer verwahrte, und das war viel, da ich seit 1933 so ziemlich meine ganze Correspondenz, Disziplinarakten, Bankakten usw. aufbewahrt habe. Interesse fand eigentlich nur die Correspondenz, die man zum Teil mitnahm, da keine Zeit zur Prüfung bei mir im Hause mehr sei" (am 27.7. an seine Tochter Ria und Schwiegersohn Walter Reiners).

23. August
Im Rahmen der vom Reichsführer SS befohlenen Verhaftungsaktion „Gewitter" Hausdurchsuchung in Rhöndorf und Verhaftung durch Gestapo-Kommissar Kurt Bethke. „Gegen Dr. Adenauer waren von der Gauleitung der NSDAP und vom SD in Bonn Anzeigen erstattet worden. U. a. hatte der SD in Bonn bei einer in der Wohnung des Dr. Adenauer vorgenommenen Hausdurchsuchung ein Schreiben eines früheren Zentrumsmitgliedes gefunden, welches Angriffe gegen die Regierung enthielt. Dieses Schreiben war an mehrere Personen gerichtet, so daß daraus ein hochverräterisches Komplott formuliert wurde" (nach Bethkes Darstellung im Spruchkammerverfahren 1948). Einlieferung in das „Arbeitserziehungslager" auf dem Kölner Messegelände (bis 4.9.).

25. August
Antrag seiner Frau an die Gestapo Köln auf Haftveränderung für ihren Mann.

September
Entführung aus dem Krankenhaus Köln-Hohenlind – Flucht in den Westerwald, 14tägiger Aufenthalt in der Nistermühle bei Hachenburg – erneute Verhaftung.

24. September
Verhaftung seiner Frau durch die Gestapo. „Meine Ehefrau wurde durch Bethke verhaftet. Es sollte von ihr eine Aussage erpresst werden über meinen damaligen Aufenthalt. Ich hielt mich zu dieser Zeit im Westerwald verborgen. Meine Frau wurde von Rhöndorf zunächst in das Gestapo-Gebäude in Köln gebracht und dort in eine Sammelzelle mit vielen anderen Häftlingen eingesperrt. Wie sie mir erzählte, wurde sie in der ersten Nacht mehrmals durch Bethke zur Vernehmung geholt. Es wurde ihr angedroht, daß auch unsere Töchter ins Gefängnis kämen, wenn sie nicht meinen Aufenthalt angebe. Aufgrund dieses seelischen Druckes hat sie dann meinen Aufenthalt genannt, worauf ich noch in der gleichen Nacht gegen 5 Uhr früh bei Hachenburg verhaftet wurde. Trotz inständigen Bittens meinerseits und obwohl er meiner Frau gesagt hatte, sie würde gleich nach Bekanntgabe meines Aufenthaltsortes freigelassen, hat Bethke meine Frau dann noch eine volle Woche in Haft gehalten, was als reiner Willkürakt betrachtet werden muß. Meine Frau hat hierdurch einen schweren seelischen Zusammenbruch erlitten und einen Selbstmordversuch unternommen“ (im Verfahren gegen Bethke am 11.8.1948 vor dem Amtsgericht Köln).

25. September
Einlieferung in die Strafanstalt Brauweiler. „In dem Gestapogefängnis, in dem ich war, waren zu der Zeit 67 Leute. Davon sind 27 aufgehängt worden, und einer wurde erschossen, alles Deutsche; das war immerhin ein großer Prozentsatz. Es wurden sogar Kinder von 16 Jahren aufgehängt. Sie mussten aber, ehe sie aufgehängt wurden, ihre Hitlerjacken ausziehen; das habe ich selbst gesehen. ... meine Zelle lag gerade über dem Raum, in dem Menschen gemartert wurden. Das war ein Betonbau, und ich konnte alles hören und habe manche Nacht schweißbedeckt auf meinem Strohsack gelegen wegen der geistigen Qualen, die ich da mitmachen musste, wenn ich das alles hörte“ (am 23.6.1958 im Gespräch mit Serge Groussard).

26. November
An seinem Namenstag Entlassung aus Brauweiler und Rückkehr nach Rhöndorf.

1945

Februar
Erneut zur Gestapo bestellt; ihm wird mitgeteilt: „Wenn die Amerikaner weiter vorrücken und sich dem Rhein nähern sollten, werden Sie sich unmittelbar nach Mitteldeutschland begeben und sich in Verfügungsbereitschaft halten."

16. März
In Köln Einsetzung des bis 1933 amtierenden Stadtkämmerers Willy Suth (Schwager Adenauers) als Leiter der Verwaltung; in Rhöndorf erste Begegnung Konrad Adenauers mit Vertretern der amerikanischen Militärregierung – er erklärt sein Zukunftsziel, „das deutsche Volk von Grund auf zum Frieden zu erziehen."

Frühjahr
Erster Aufenthaltsort in Köln vor und nach Kriegsende; das Deutsche Caritasinstitut für Gesundheitsfürsorge in Köln-Hohenlind.

20. März
Erste Zusammenkunft mit dem amerikanischen Militärgouverneur von Köln, Lieutenant Colonel John Knox Patterson.

25. März
Bestätigt dem Schweizer Generalkonsul von Weiss, „daß er mit Rücksicht auf seine drei noch im Felde stehenden Söhne nicht gewillt sei, irgendein öffentliches Amt anzunehmen, konnte jedoch nicht umhin, sich zur Lösung von lebenswichtigen Fragen zur Verfügung zu stellen, so daß er von Zeit zu Zeit nach Köln geholt wird."

4. Mai
Wiedereinsetzung als Kölner Oberbürgermeister durch die amerikanische Militärregierung; Militärgouverneur Patterson: „Heute

erfreut er sich im Rheinland größerer Beliebtheit als jeder andere Deutsche. Er ist charakterstark, vertritt klare Meinungen und besitzt einen schnellen und scharfen Verstand."

8. Mai
Bescheinigung Pattersons: „Dr. Adenauer's reputation extends far beyond the Cologne Area; his name is Number One of the White List for Germany."

10. Juli
United Press berichtet über ein Gespräch mit ihm „Über Deutschland. Ein Vorschlag an die Alliierten: Währung, Gebietsfragen, Verwaltung: ... 1. Die deutsche Währung für eine Reihe von Jahren zu stabilisieren und keine Abwertung der Mark zu gestatten. 2. Dem deutschen Volke mitzuteilen, welche Gebiete deutsch bleiben werden. 3. Eine Art deutscher Zentralverwaltung zu bilden, die mit der alliierten Militärregierung zusammen Deutschland regiert. 4. Einen deutschen Bundesstaat, bestehend aus drei Freistaaten zu errichten, die im wesentlichen mit den drei großen Besatzungszonen Ost-, West- und Süddeutschland zusammenfallen."

28. Juli
Vorbereitende Gespräche mit nordwestdeutschen Politikern im Kloster Hiltrup bei Münster zur Neugründung einer bürgerlichen Partei.

21. August
Parteipolitisches Grundsatzschreiben an den Münchener Oberbürgermeister Karl Scharnagl: „Die grundlegenden Prinzipien der neuen Partei sind folgende: 1. Führung des Staates auf christlicher Grundlage, d. h. nach den Prinzipien, wie sie sich auf der Grundlage des Christentums in einer Jahrhunderte langen Entwicklung in Europa herausgebildet haben. 2. Demokratie. 3. Betont fortschrittliche soziale Reform und soziale Arbeit, nicht Sozialismus."

2. September
Wahl in den Rat der Vorsitzenden der Christlich-Demokratischen Partei (CDP) des Rheinlandes.

1. Oktober
Ansprache vor der von der britischen Militärregierung ernannten ersten Kölner Stadtverordnetenversammlung: „Der Zwang der Verhältnisse und die uns allen, gleichgültig, welcher Partei wir zugehören, gemeinsame Liebe zu unserem Volke und zu unserer Stadt wird uns zu gemeinsamer Arbeit führen. ... So wollen wir gemeinsam ans Werk gehen. Gebeugt, tief gebeugt, aber ... nicht gebrochen."

5. Oktober
Gespräch mit ausländischen Pressevertretern über die zukünftige Gestaltung Deutschlands: „... de Gaulle habe in diesen Tagen eine Rede in Saarbrücken gehalten und laut Londoner Sender in ihr gesagt, Franzosen und Deutsche müßten einen Strich unter die Vergangenheit machen, zusammenarbeiten und eingedenk sein, daß sie Europäer seien. ... Es sei notwendig, die drei Teile des nichtrussisch besetzten Gebietes, die bei Schaffung eines Rhein-Ruhr-Staates entstünden, in einem staatsrechtlichen Verhältnis miteinander zu belassen."

6. Oktober
Entlassung aus dem Amt des Kölner Oberbürgermeisters durch den britischen Brigadier John Barraclough (Militärgouverneur der Nordrheinprovinz): „... haben Sie Ihre Pflichten gegenüber der Bevölkerung Kölns nicht erfüllt. ... Sie werden weder direkt noch indirekt irgendeiner wie auch immer gearteten politischen Tätigkeit nachgehen. ... Wenn Sie die in diesem Schreiben enthaltenen Anweisungen in irgendeiner Hinsicht nicht befolgen, wird Ihnen durch das Militärgericht der Prozeß gemacht werden."

31. Oktober
Denkschrift „Meine Einstellung zur politischen Lage": „Der nicht von Rußland besetzte Teil Deutschlands ist ein integrierender Teil Westeuropas. Wenn er krank bleibt, wird das von schwersten Folgen für ganz Westeuropa, auch für England und Frankreich sein. Es liegt im eigensten Interesse nicht nur des nicht von Rußland besetzten Teiles Deutschlands, sondern auch von England und Frankreich, Westeuropa unter ihrer Führung zusammenzuschließen, den nicht russisch besetzten Teil Deutschlands politisch und wirtschaftlich zu beruhigen und wieder gesund zu machen. ... Dem Verlangen Frankreichs und

Belgiens nach Sicherheit kann auf die Dauer nur durch wirtschaftliche Verflechtung von Westdeutschland, Frankreich, Belgien, Luxemburg, Holland wirklich Genüge geschehen."

13./14. Dezember
Offizielle Aufhebung der am 6.10. mitgeteilten Verbote, Auflagen und Einschränkungen.

14.-16. Dezember
Teilnahme an der ersten Reichstagung der CDU in Bad Godesberg.

1946

6. Januar
Teilt Parteifreunden seine Vorstellungen von der zukünftigen CDU-Tätigkeit mit: „Ich bin siebzig Jahre alt. Mit siebzig Jahren muß man, auch wenn man rüstig ist, mit seinen Kräften haushalten. Es ist ökonomischer, meine Kräfte einzusetzen und zu reservieren für die großen Aufgaben, die z. Zt. und in nächster Zukunft zu lösen sind, z. B.: a) Einigung mit dem Zentrum, b) Herstellung einer engen Verbindung mit der Union in Bayern und der französischen Zone – die Parteien werden in der französischen Zone in der nächsten Zeit gestattet – , c) staatliche Ordnung in der britischen und anderen Zone, außenpolitische Fragen, d) Presse, e) wirtschaftliche Zukunft."

8. Januar
Wahl zum Sprecher der rheinischen Mitglieder des überregionalen CDU-Zonenausschusses für die britische Zone.

20./23. Januar
Erste Tagung des CDU-Zonenausschusses in Herford; vorläufige Wahl zum ersten Vorsitzenden.

21. Januar
Erneute Wahl in den Landesvorstand der CDU Rheinland.

5. Februar
Wahl zum Vorsitzenden des CDU-Landesverbandes Rheinland.

26. Februar - 1. März
CDU-Zonenausschußtagung in Neheim-Hüsten; Wahl zum Vorsitzenden der CDU der britischen Zone und Verabschiedung des Programms, dem sein in Rhöndorf erarbeiteter Entwurf zugrundeliegt: „I. Einzelperson und Staat. 1. Die Grundsätze christlicher Ethik und Kultur, wahre Demokratie müssen das staatliche Leben tragen und erfüllen. An der Würde und den unveräußerlichen Rechten der Person findet die Macht des Staates ihre Grenzen. 2. Recht auf politische und religiöse Freiheit. 3. Gerechtigkeit, gleiches Recht und Rechtssicherheit für jeden. 4. Anerkennung der grundlegenden Bedeutung der Familie für Volk und Staat. 5. Anerkennung und Schutz der Frau bei ihrer Tätigkeit in Haus und Familie. Freie Betätigung der Frau im beruflichen und öffentlichen Leben. 6. Die Mehrheit hat kein willkürliches und uneingeschränktes Recht gegenüber der Minderheit. Auch die Minderheit hat Rechte und Pflichten."

6. März
Teilnahme an der konstituierenden Sitzung des Zonenbeirats für die britische Besatzungszone in Hamburg.

22. März
Ernennung zum Mitglied des Provinzialrates der Nordrheinprovinz.

24. März
Grundsatzrede in der Aula der Kölner Universität: „... muß meines Erachtens das Problem der Vereinigten Staaten von Europa unter Einschluß Deutschlands von den Vereinten Nationen in Angriff genommen werden. Die Vereinigten Staaten von Europa sind die beste, sicherste und dauerhafteste Sicherung der westlichen Nachbarn Deutschlands."

15. Juli
Flugreise nach Berlin; wird im britischen Hauptquartier gemeinsam mit Jakob Kaiser und Kurt Schumacher über die Entscheidung zur Schaffung Nordrhein-Westfalens informiert (Bekanntgabe der Bildung am 17.7., Inkrafttreten der Gründung am 23.8.)

2. Oktober
Nimmt in Düsseldorf an der Eröffnung des ernannten Landtags von Nordrhein-Westfalen teil, wird zum CDU-Fraktionsvorsitzenden gewählt.

1947

1.-3. Februar
Teilnahme an der Tagung des CDU-Zonenausschusses in Ahlen, die zur Verabschiedung des „Ahlener Programm" zur Sozial- und Wirtschaftspolitik führt.

5./6. Februar
Teilnahme an der konstituierenden Sitzung der CDU/CSU-Arbeitsgemeinschaft in Königstein/Taunus; wird in den vorläufigen Vorstand delegiert.

20. April
Erste nordrhein-westfälische Landtagswahlen; erfolgreiche Kandidatur im Wahlkreis Siegkreis Süd: 52,3 %.

25. April
An die Synagogengemeinde Köln: „Die Verfolgung der Juden unter dem Nationalsozialismus ... ist in höchstem Grade verabscheuungswürdig. Ich habe soviel ausgezeichnete jüdische Männer und Frauen ... kennengelernt – z. T. mußten sie emigrieren –, daß ich mich freuen würde, wenn sie möglichst bald nach Deutschland zurückkehren würden. Es versteht sich für mich von selbst, daß den jüdischen Gemeinden Genugtuung geschehen und daß ihnen nach Kräften geholfen werden muß."

11. Juni -16. Juli
Erholungsreise in die Schweiz, Aufenthalt in Chandolin.

14./15. August
Erster Parteitag der CDU der britischen Zone in Recklinghausen; Bestätigung im Parteivorsitz.

1948

1. Februar
Teilnahme am 2. Kongreß der in den Nouvelles Equipes Internationales vereinigten europäischen Christdemokraten in Luxemburg (29.1.-1.2.).

3. März
Tod Gussie Adenauers.

21./22. März
Erste Teilnahme an einer Genfer Sitzung führender europäischer Christdemokraten.

7.-11. Mai
Nimmt am Europa-Kongreß in Den Haag teil; dort kommt es zur ersten Begegnung mit Winston Churchill.

29. Juni
Teilnahme an der letzten Tagung des Zonenbeirates in Hamburg.

29. Juni -7. Juli
Aufenthalt in der Schweiz, u. a. zu einem privaten Treffen mit Paul Silverberg in Lugano.

6. August
Wird als Mitglied des nordrhein-westfälischen Landtages für den Parlamentarischen Rat nominiert.

1. September
Wahl zum Präsidenten des Parlamentarischen Rates (1. Vizepräsident: Adolph Schönfelder, SPD; 2. Vizepräsident: Hermann Schäfer, FDP). Aus der Antrittsrede: „... darum müssen wir die uns gebotene Möglichkeit nutzen, um den jetzigen unmöglichen politischen Zu-ständen in Deutschland ein Ende zu bereiten. Wir müssen das tun, auch wenn unsere Arbeit vorerst nur einem Teil Deutschlands zugute kommt. Denn ... einmal muß ein Anfang gemacht werden, und einmal muß Schluß sein mit dem ewigen Weiterwursteln und Auseinanderfallen."

2. September
Teilnahme am Kongreß der Europäischen Parlamentarischen Union in Interlaken, danach Teilnahme an der Weltkonferenz der Moralischen Aufrüstung in Caux.

vor dem 12. Oktober
Treffen mit Robert Schuman in Bassenheim bei Koblenz. – Dazu eine am 12.10. veröffentlichte Presseerklärung: „Der französische Außenminister Robert Schuman und Dr. Adenauer sind seit der Zeit vor 1933 befreundet. Diese freundschaftlichen Beziehungen waren der Anlaß dafür, daß die Gestapo während ihrer Tätigkeit in Frankreich Herrn Schuman besondere Schwierigkeiten bereitete. Herr Schuman benützte seinen Aufenthalt in der französischen Zone, um die Freundschaft mit Dr. Adenauer zu erneuern. Entgegen gewissen Behauptungen ausländischer Nachrichtenagenturen, daß bei diesem Anlaß der mehr oder weniger föderalistische Charakter der künftigen deutschen Verfassung besprochen worden sei, ist festzustellen, daß über die Arbeiten des Parlamentarischen Rates nicht gesprochen wurde."

1949

23. März
Spricht in Bern vor der schweizerischen Gruppe der Interparlamentarischen Union über die Situation Deutschlands seit 1945: „Die bedingungslose Kapitulation der deutschen Wehrmacht im Mai des Jahres 1945 ist von den Alliierten dahin ausgelegt worden, daß infolgedessen ein vollständiger Übergang der gesamten Regierungsgewalt auf die Alliierten stattgefunden habe. Diese Auslegung war völkerrechtlich falsch. ... Die Wendung kam ... nur sehr langsam; und das Absinken Deutschlands, das seit der bedingungslosen Kapitulation auf wirtschaftlichem, körperlichem, moralischem und politischem Gebiet eingetreten war, war nur schwer wieder aufzuholen."

7. Mai
Übernimmt den Vorsitz des Überleitungsausschusses, der mit der Abwicklung der Arbeiten des Parlamentarischen Rats beauftragt ist.

8. Mai
Hebt in seiner Ansprache nach der Schlußabstimmung über das Grundgesetz hervor: „... in den drei Westzonen sind wir nun, nachdem die wirtschaftliche Konsolidierung eingesetzt hat, auch in der politischen Konsolidierung ein gutes Stück weitergekommen. ... Wir wünschen die Einheit Deutschlands, wir wünschen sie von ganzem Herzen und von ganzer Seele. Wir wünschen ein freies Deutschland, in dem der deutsche Mensch ein menschenwürdiges Dasein führen kann wie jeder andere europäische Mensch."

10. Mai
Hauptstadtentscheidung für Bonn durch den Parlamentarischen Rat; dazu in einer Sitzung der CDU/CSU-Fraktion des Parlamentarischen Rats: „Für die CDU/CSU sei es für die kommenden Wahlen ungünstig, wenn wir hinsichtlich der Wahl des Bundessitzes auseinanderfallen, zumal wir betr. des Wahlgesetzes überrannt würden. Auch sei die Wahl des Bundessitzes jetzt so politisch geworden, daß wir einfach nicht anders könnten als geschlossen für Bonn zu stimmen."

12. Mai
Besucht Berlin mit einer Delegation des Parlamentarischen Rates

23. Mai
Verkündung des Grundgesetzes nach Zustimmung der Landtage (mit Ausnahme des bayerischen) durch den Parlamentarischen Rat: „Heute ... beginnt ein neuer Abschnitt unseres Volkes. Heute wird nach Unterzeichnung und Verkündung des Grundgesetzes die Bundesrepublik Deutschland in die Geschichte eintreten."

15. Juli
Pressekonferenz in Düsseldorf zur Verkündung der Düsseldorfer CDU-Leitsätze und -Wahlkampfplattform zur Wirtschafts- und Sozialpolitik

14. August
Wahlen zum ersten Deutschen Bundestag; erfolgreiche Kandidatur im Wahlkreis Bonn: 54,9%.

21. August
„Rhöndorfer Konferenz“ mit führenden Unionspolitikern über die Bildung der ersten Bundesregierung auf der Grundlage einer bürgerlichen Koalition und über die Besetzung der führenden Staatsämter. Aus der anschließend veröffentlichten Presseerklärung: „... daß die Wahlen nicht nur ein eindrucksvolles Bekenntnis zu den Grundideen der christlich-demokratischen Gesellschaftsauffassung, sondern auch eine eindeutige Bejahung der sozialen Marktwirtschaft im Gegensatz zur sozialistischen Planwirtschaft erbracht haben. Es bestehe daher die Verpflichtung, diese Gesamtpolitik fortzusetzen und daraus bei der Bildung der Bundesregierung die klaren Konsequenzen zu ziehen.“

27. August
Erläutert der Vorsitzenden der Deutschen Zentrums-Partei, Helene Wessel, „das Programm der von mir geplanten Koalitions-Regierung“: „... daß auf innenpolitischem Gebiet die Fortführung der Frankfurter Wirtschaftspolitik unerläßlich sein wird. ... haben wir die feste Absicht, unsere ganze Arbeit in erster Linie der sozialen Frage, und zwar der Sorge für die Vertriebenen und für die weiten Kreise aller derer zu widmen, die infolge der Katastrophe von 1945 und der harten Auswirkung der Währungsreform von 1948 heute gezwungen sind, ein wirtschaftlich und sozial menschenunwürdiges Dasein zu führen. ... Auf außenpolitischem Gebiet liegt unsere Linie fest. Sie richtet sich in erster Linie darauf, ein enges Verhältnis zu den Nachbarstaaten der westlichen Welt, insbesondere auch zu den Vereinigten Staaten herzustellen.“

1. September
Erste Sitzung der CDU/CSU-Fraktion des Deutschen Bundestages; Wahl zum Fraktionsvorsitzenden (am 30.9. von Heinrich von Brentano abgelöst).

15. September
Wahl und Ernennung zum Bundeskanzler (202 Ja-Stimmen, 142 Nein-Stimmen, 44 Enthaltungen; bildet sein erstes Kabinett einer Koalitionsregierung aus CDU/CSU, FDP und DP.

Abkürzungen

a. a. O.	am angegebenen Ort
ACDP	Archiv für Christlich-Demokratische Politik der Konrad-Adenauer-Stiftung
AdG	Keesing's Archiv der Gegenwart
CDU	Christlich-Demokratische Union Deutschlands
CSU	Christlich-Soziale Union
DAF	Deutsche Arbeitsfront
DDP	Deutsche Demokratische Partei
DNVP	Deutschnationale Volkspartei
DVP	Deutsche Volkspartei
FDP	Freie Demokratische Partei
ms.	maschinenschriftlich
NDB	Neue Deutsche Biographie
NL	Nachlaß
NSDAP	Nationalsozialistische Deutsche Arbeiterpartei
o. D.	ohne Datum
o. J.	ohne Jahr
o. O.	ohne Ort
OSB	Ordo Sancti Benedicti
MdR	Mitglied des Reichstags
RGBl.	Reichsgesetzblatt
SJ	Societas Jesu
Sofina	Société Financière de Transports et d'Entreprises Industrielles
SPD	Sozialdemokratische Partei Deutschlands
StBKAH	Stiftung Bundeskanzler-Adenauer-Haus
UdSSR	Union der Sozialistischen Sowjet-Republiken
USA	United States of America
VfZ	Vierteljahrshefte für Zeitgeschichte
< >	Textvarianten und Auslassungen
[ ]	Ergänzungen und Korrekturen der Bearbeiter

Ungedruckte Quellen und Abbildungen

Privatbesitz

Dr. Paul Adenauer, Bergisch Gladbach
Dr. Thomas Bscher, Köln
Heinz Pferdmenges, Mönchengladbach-London

Archiv der Abtei Maria Laach

Briefwechsel Adenauers mit Ildefons Herwegen und Johannes Vollmar
Fotosammlung

LandesMedienZentrum Rheinland-Pfalz, Koblenz

Fotosammlungen Maria Laach und Unkel

Stadtarchiv Mönchengladbach

Sammlung Heinrich Müllers 563, Band 3
Zeitungsarchiv

Stiftung Bundeskanzler-Adenauer-Haus, Bad Honnef-Rhöndorf

Nachlaß Konrad Adenauer
Bestand Dannie N. Heineman

Schriftliche und mündliche Auskünfte:

Notar Konrad Adenauer, Köln
Dr. Paul Adenauer, Bergisch Gladbach
Pater Athanasius OSB, Benediktinerabtei Maria Laach
Professor Dr. Wilhelm Barthlott, Nees-Institut für Biodiversität der Pflanzen, Universität Bonn
Pater Basilius OSB, Benediktinerabtei Maria Laach
Alexandra Bresges-Jung, Köln
Dr. Thomas Bscher, Köln
Annegret Düppen, Stadtarchiv Mönchengladbach
Dr. Hans Walter Hütter, Haus der Geschichte der Bundesrepublik Deutschland, Bonn
Evelyn Klüber, Bankhaus Sal. Oppenheim jr. & Cie., Köln
Julia Massenkeil-Kühn, Bonn
Gerhard Lamers, Stadtarchiv Mönchengladbach
Professor Dr. Rudolf Morsey, Neustadt/Speyer
Renate Noack, LandesMedienZentrum Rheinland-Pfalz, Koblenz
Claudia Raths, Bad Honnef
Professor Dr. Hans-Peter Schwarz, Gauting

Gedruckte Quellen und Literatur

Adenauer im Dritten Reich, hrsg. von Rudolf Morsey und Hans-Peter Schwarz, bearb. von Hans Peter Mensing, Berlin 1991.

Adenauer, Briefe 1945-1947; 1947-1949; 1949-1951; 1951-1953; 1953-1955; 1955-1957; 1957-1959; 1959-1961; 1961-1963, hrsg. von Rudolf Morsey und Hans-Peter Schwarz, bearb. von Hans Peter Mensing, Berlin 1983, 1984, 1985, 1987, 1989, 1995, 1997, 1998, 2000, 2004 und 2006.

Konrad Adenauer. Reden 1917-1967. Eine Auswahl, hrsg. von Hans-Peter Schwarz, Stuttgart 1975.

Konrad Adenauer. Seine Zeit – sein Werk. [Katalog zur] Ausstellung aus Anlaß des 100. Geburtstages am 5. Januar 1976, bearb. von Everhard Kleinertz und Hugo Stehkämper, hrsg. vom Historischen Archiv der Stadt Köln, Köln 1976.

Konrad Adenauer und seine Zeit. Politik und Persönlichkeit des ersten Bundeskanzlers, Bd. 1: Beiträge von Weg- und Zeitgenossen; Bd. 2: Beiträge der Wissenschaft, hrsg. von Dieter Blumenwitz, Klaus Gotto, Hans Maier, Konrad Repgen und Hans-Peter Schwarz, Stuttgart 1976.

Adenauer, Paul: Briefe Konrad Adenauers an einen Sohn im Reichsarbeitsdienst, in: Konrad Adenauer und seine Zeit, Bd. 1, S. 156-166.

Albert, Marcel: Die Benediktinerabtei Maria Laach und der Nationalsozialismus, Paderborn u. a. 2004.

Archiv der Gegenwart, Jg. 3 (1933).

Christliche Demokraten gegen Hitler. Aus Verfolgung und Widerstand zur Union, hrsg. von Günter Buchstab/Brigitte Kaff/Hans-Otto Kleinmann, Freiburg/Brsg. 2004.

„Frankfurter Zeitung", Jg. 1933-1936.

Greven's Kölner Adreßbuch 1933.

Gruber, Hubert: Katholische Kirche und Nationalsozialismus. Ein Bericht in Quellen, Paderborn 2006.

Hehl, Ulrich von (Bearb.): Priester unter Hitlers Terror. Eine biographische und statistische Erhebung, Mainz 1984.

Herbers, Winfried: Robert Pferdmenges und Johannes Albers: zwei Welten – eine Partei. Facetten im Makrokosmos der Kölner CDU der vierziger und fünfziger Jahre des 20. Jahrhunderts, in: Geschichte in Köln, Bd. 52 (2005), S. 207-234.

Horkenbach, Cuno: Das deutsche Reich von 1918 bis heute. [Das Jahr 1933], Berlin 1935.

Jakobsen, Nikolaus: Robert Pferdmenges, München 1957.

Jung, Werner: Das moderne Köln, Köln 2006.

Klein, Adolf: Köln im Dritten Reich. Stadtgeschichte der Jahre 1933-1945, Köln 1983.

Köhler, Henning: Adenauer. Eine politische Biographie, Frankfurt/Main-Berlin 1994.

„Kölnische Volkszeitung", Jg. 1933.

Kriegsende und Neuanfang am Rhein. Konrad Adenauer in den Berichten des Schweizer Generalkonsuls Franz-Rudolph von Weiss 1944-1945, hrsg. von Hanns Jürgen Küsters und Hans Peter Mensing, München 1986.

Kutsch, Karl J./Riemens, Leo/Rost, Hansjörg: Großes Sängerlexikon, Bern-München ^{4}2003.

Landkreis Ahrweiler (Hrsg.): Kreis Ahrweiler unter dem Hakenkreuz, Bad Neuenahr-Ahrweiler 1989.

Luntowski, Gustav: Hitler und die Herren an der Ruhr. Wirtschaftsmacht und Staatsmacht im Dritten Reich, Frankfurt/Main 2000.

Matthias, Erich/Morsey, Rudolf (Hrsg.): Das Ende der Parteien 1933. Darstellungen und Dokumente, Düsseldorf 1960 (Taschenbuchausgabe 1984).

Mensing, Hans Peter: „Und einmal wird auch wieder Frieden werden". Aus dem Briefwechsel Konrad Adenauers mit einem niederländischen Freund in den Jahren 1940-1945, in: Geschichte im Westen, Jg. 6 (1991), H. 2, S. 234-240.

Mensing, Hans Peter: „... den Kopf oben halten, sich nicht unterkriegen lassen ... ." Einige Ergänzungen der biographischen Dokumentation „Adenauer im Dritten Reich", in: Geschichte im Westen, Jg. 9 (1994), S. 84-106.

Mensing, Hans Peter: Emma, Gussie und Konrad Adenauer, mit ihren Töchtern Ria Reiners, Lotte Multhaupt und Libet Werhahn, in: Dieter Zimmer (Hrsg.), Deutschlands First Ladies. Die Frauen der Bundespräsidenten und Bundeskanzler von 1949 bis heute, Stuttgart 1998, S. 33-62.

Morsey, Rudolf: Adenauer und der Nationalsozialismus, in: Hugo Stehkämper (Hrsg.), Konrad Adenauer. Oberbürgermeister von Köln. Festgabe der Stadt Köln zum 100. Geburtstag ihres Ehrenbürgers am 5. Januar 1976, Köln 1976, S. 447-497, 791-805.

Morsey, Rudolf: Leben und Überleben. Konrad Adenauer im Dritten Reich, in: Geschichte im Westen, Jg. 7 (1992), H. 2, S. 135-142.

Munzinger Archiv, Internationales Biographisches Archiv, Ravensburg.

Rink, Hans: Ildefons Herwegen, in: Zeitgeschichte in Lebensbildern, Bd. 2, S. 64-74.

Rodens, Franz: Konrad Adenauer. Der Mensch und Politiker, München/Zürich 1963.

Romeyk, Horst: Die leitenden staatlichen und kommunalen Verwaltungsbeamten der Rheinprovinz 1816-1945, Düsseldorf 1994.

Scholder, Klaus: Die Kirchen und das Dritte Reich, Bd. 1: Vorgeschichte und Zeit der Illusionen 1918-1934, Frankfurt/Main-Berlin-Wien 1977; Bd. 2: Das Jahr der Ernüchterung 1934. Barmen und Rom, Berlin 1985.

Schulthess' Europäischer Geschichtskalender, Bd. 74 (1933), Bd. 75 (1934), München 1934 und 1935.

Schwarz, Hans-Peter: Adenauer. Der Aufstieg: 1876-1952, Stuttgart 1986.

Severus, Emmanuel von (Hrsg.): Ecclesia Lacensis. Beiträge aus Anlaß der Wiederbesiedlung der Abtei Maria Laach durch Benediktiner aus Beuron vor 100 Jahren am 25. November 1892 und der Gründung des Klosters durch Pfalzgraf Heinrich II. von Laach vor 900 Jahren 1093, Münster 1993.

Silber-Bonz, Christoph: Pferdmenges und Adenauer. Der politische Einfluß des Kölner Bankiers, Bonn 1997.

Soénius, Ulrich S.: Bankier und „Geburtshelfer" – Kurt Freiherr von Schröder, in: Bewegen – Verbinden – Gestalten. Unternehmer vom 17. bis zum 20. Jahrhundert. Festschrift für Klara van Eyll zum 28. September 2003, hrsg. von Ulrich S. Soénius, Köln 2003, S. 335-350.

Steimel, Robert: Kölner Köpfe, Köln-Zollstock 1958.

Steimel, Robert: Mit Köln versippt, T.I und II, Köln-Zollstock 1955 und 1956.

Stürmer, Michael/Teichmann, Gabriele/Treue, Wilhelm: Wägen und Wagen. Sal. Oppenheim jr. & Cie. Geschichte einer Bank und einer Familie, München 1989.

Treue, Wilhelm: Das Schicksal des Bankhauses Sal. Oppenheim jr. & Cie. und seiner Inhaber im Dritten Reich, in: Zeitschrift für Unternehmensgeschichte, Beiheft 27 (1983).

Treue, Wilhelm: Robert Pferdmenges, in: Geschichte im Westen, Jg. 5 (1990), S. 188-210.

Weiß, Hermann (Hrsg.), Biographisches Lexikon zum Dritten Reich, Frankfurt/Main 1998.

Wer ist's? (Unsere Zeitgenossen), begründet und hrsg. von Hermann A. L. Degener, IX. und X. Ausgabe, Berlin 1928 und 1935.

„Westdeutscher Beobachter“, Jg. 1933/34.

Weymar, Paul: Konrad Adenauer. Die autorisierte Biographie, München 1951.

Widerstand und Verfolgung in Köln. [Katalog zur] Ausstellung 8. Februar bis 28. April 1974, hrsg. vom Historischen Archiv der Stadt Köln, Köln 1974.

Zeitgeschichte in Lebensbildern. Aus dem deutschen Katholizismus des 19. und 20. Jahrhunderts, Bd. 1 und 2, hrsg. von Rudolf Morsey, Mainz 1973 und 1975; Bd. 3-11, hrsg. von Jürgen Aretz, Rudolf Morsey und Anton Rauscher, Mainz 1979, 1980, 1982, 1984, 1994, 1997, 1999 und 2004.

Nachweis der Abbildungen

Abbildungen, die im folgenden nicht verzeichnet sind, stammen aus dem Nachlaß Konrad Adenauers. – Mit freundlicher Genehmigung stellten Bilder und andere Materialien für den Abdruck zur Verfügung

Dr. Thomas Bscher, Köln
15f., 17 unten, 46-50, 60, 64, 66, 71, 104f., 122, 137, 151, 179

Archiv der Abtei Maria Laach
41, 54, 81, 95, 113 unten, 114

LandesMedienZentrum Rheinland-Pfalz, Koblenz
56, 113 oben, 120, 128, Umschlag (Rückseite)

Personenregister

Die Namen Konrad Adenauer und Dora Pferdmenges wurden nicht aufgenommen. Fett gedruckte Zahlen beziehen sich auf die biographischen Angaben im Kommentar.

INFORMATIONEN ZUR STIFTUNG BUNDESKANZLER-ADENAUER-HAUS

Die Stiftung Bundeskanzler-Adenauer-Haus, am 19. Dezember 1967 durch Vertrag zwischen den Erben Konrad Adenauers und der Bundesrepublik Deutschland gegründet, hat den gesetzlich festgelegten Zweck, „1. das Andenken an das Wirken des Staatsmannes Konrad Adenauer für Freiheit und Einheit des deutschen Volkes, für Europa, für Verständigung und Versöhnung unter den Völkern zu wahren und einen Beitrag zum Verständnis der jüngeren Geschichte sowie des Entstehens der Bundesrepublik Deutschland zu leisten; 2. den Nachlass Konrad Adenauers, soweit er nicht familiären Charakter hat, zu sammeln, zu pflegen, zu verwalten und für die Interessen der Allgemeinheit in Wissenschaft, Bildung und Politik auszuwerten."

Die Erben Adenauers übereigneten für diese Stiftung, die als öffentlich-rechtliche Stiftung auf überparteilicher Basis beruht, zur Errichtung der Gedenkstätte Grundstück, Wohnhaus, Pavillon und das gesamte Mobiliar sowie den schriftlichen Nachlass Konrad Adenauers. Die ehrenamtlichen Organe der Stiftung sind: das vom Bundespräsidenten berufene Kuratorium, der Vorstand und der Beirat, beide vom Kuratorium bestellt. Die Bundesrepublik Deutschland hat sich zur Finanzierung der Stiftung verpflichtet.

Die Gedenkstätte wurde inzwischen von mehr als 2,5 Millionen Gästen aus aller Welt besucht. Neben dem Wohnhaus Konrad Adenauers und seinem Garten ist ein starker Anziehungspunkt die am 19. Dezember 1975 zum 100. Geburtstag (5. Januar 1976) eröffnete, zum 30. Todestag (19. April 1997) baulich und museumspädagogisch neugestaltete Ausstellung in einem unterhalb des Wohnhauses errichteten Gebäude. Diese Ausstellung zeigt Persönlichkeit und Wirken Adenauers vor dem Hintergrund der von ihm durchlebten vier Epochen deutscher Geschichte.

Einen besonderer Schwerpunkt der Stiftungstätigkeit bildet die Auswertung des schriftlichen Nachlasses. Das Archiv steht für Wissenschaft und Forschung gemäß der vom Kuratorium erlassenen Benutzungsordnung und einschlägiger Bestimmungen zur Verfügung. In den historisch-kritischen Editionen der seit 1983 erscheinenden „Rhöndorfer Ausgabe" (Bd. 1-13: Siedler Verlag, Berlin; ab Bd. 14: Schöningh Verlag, Paderborn) werden die biographisch und zeitgeschichtlich wichtigsten Teile des umfangreichen Nachlassbestandes veröffentlicht.

Im Rahmen ihrer wissenschaftlichen Tätigkeit führt die Stiftung auch Tagungen durch, deren Ergebnisse sie in den vom Bouvier Verlag (Bonn) betreuten Berichtsbänden über die Rhöndorfer Gespräche veröffentlicht. Diese Symposien sollen dazu beitragen, sowohl der historischen und politikwissenschaftlichen Forschung als auch einer breiteren Öffentlichkeit neue Kenntnisse über die Ära Adenauer zu vermitteln und den Stand an gesichertem Wissen durch den Meinungsaustausch zwischen Akteuren und Forschern zu erweitern und zu vertiefen.